CARMELA BIFOLCO

WEB DESIGN 2.0

Diventare un Web Designer di Successo

Nell'Era dei Blog e dei Mini Siti

Titolo
"WEB DESIGN 2.0"

Autore
Carmela Bifolco

Editore
Bruno Editore

Sito internet
www.brunoeditore.it

Sommario

INTRODUZIONE

Mi chiamo Carmela Bifolco e sono una designer esperta di grafica e web. Sono laureata in Scienze della Comunicazione all'università di Salerno e da ben sei anni sono un'imprenditrice di successo, avendo diretto varie società pubblicitarie e studi grafici all'interno della regione Campania.

IL SEGRETO DEL MIO SUCCESSO?

L'impegno e lo studio, ma soprattutto una buona indagine di mercato, attraverso cui sono riuscita a capire cosa chiedevano i clienti e a fornire loro un prodotto conforme alle loro richieste e alla flessibilità del mercato.

Esiste un metodo per diventare bravi nel mestiere che volete fare, ma c'è bisogno di tanta pazienza e costanza e non dovrete mai arrendervi, perché la vita e il lavoro ci pongono sempre davanti a decisioni difficili da prendere.

Bisogna restare calmi, riflettere, capire bene cosa bisogna fare e poi tentare finché, vedrete, che arriverà la vostra occasione. Nella nuova era 2.0 dei Blog e dei Mini Siti, dove l'utente è sempre più al centro dell'attenzione e il suo ruolo è quello di creare contenuti nuovi e originali, non poteva mancare una guida come questa molto minuziosa e allo stesso tempo semplice e integrale.

Con questo ebook, imparerai a creare un tuo Mini Sito
e come diventare un utente del Web 2.0.

Ho conosciuto molte persone che si improvvisano grafici, ma all'atto pratico fallivano, perché non avevano un metodo, non erano abbastanza aggiornati e non conoscevano le basi di questo mestiere; la storia della grafica, i metodi di stampa, i font e i caratteri, i metodi dell'impaginazione, la percezione del lettore, i vari formati, i vari tipi di grafica, la differenza tra un prodotto e l'altro, la conoscenza dei software e dei segreti di stampa. Questo è un mestiere in cui non si finisce mai di imparare. La tecnologia cambia ogni giorno e con lei, mutano gli scenari, i prodotti, i software e le esigenze del cliente.

La parola che mi sento di consigliarvi è FLESSIBILITÀ. Se non siete capaci di essere flessibili, non potete andare avanti nel mondo della grafica. Dovrete interpretare le tendenze ed essere sempre originali, non dovrete mai dare nulla per scontato perché è in quel momento, che diventerete dei perdenti.

Allora che ne dite, siete pronti per iniziare questo viaggio alla scoperta del mondo della grafica? Il mio libro contiene tante informazioni; vi consiglio di studiarlo tutto e molto bene. Non saltate i capitoli perché avete fretta di imparare. Tutte le cose seguono un iter e anche voi dovrete farlo.

Cominciate a stabilire degli obiettivi cercate di capire se volete diventare un bravo grafico oppure solamente ottenere un'infarinatura generale. Io vi consiglio di studiare bene ed esercitarvi.

Cercate di testare ogni cosa che apprenderete, magari navigando un po' in rete oppure semplicemente osservando delle vecchie foto o delle brochure, oppure quel volantino che sicuramente avete appoggiato lì da qualche parte.

Prendete vecchi cataloghi, riviste, libri e cominciate a studiarli. Cercate di capire come li hanno realizzati, dove hanno trovato le fotografie per esempio, oppure quale software hanno utilizzato, oppure chi ha scritto i testi?
Come vedete il percorso è lungo, ma non vi scoraggiate e proseguite!

Alla fine sarete felici, di aver appreso anche solo qualcosa in più a quello che già ritenevate di sapere e affronterete diversamente l'idea di lavorare nel mondo della grafica.
SMETTETELA di PAGARE per farvi creare qualcosa che vi serve nel vostro sito come, per esempio un logo, un banner o una scritta qualsiasi con un po' di animazione.

La mia guida vi insegnerà il vero mestiere del grafico, quello che lavora negli studi e nelle agenzie, non l'ennesimo "trucchetto" su come crearvi un logo da soli.

Di programmi semplici, che automaticamente creano grafica e siti web ce ne sono a bizzeffe sulla rete, ma vi siete mai sentiti rinchiusi e limitati nelle vostre pagine web?

Vi siete mai chiesti come mai quel sito che avete visto, vi sembrava più corretto esteticamente, più fruibile, più bello e più attraente per l'utente finale?

BUONA LETTURA!

Carmela Bifolco

GIORNO 1
GRAPHIC DESIGN E GRAPHIC DESIGNER: UN MESTIERE DIFFICILE.

La prima domanda che dovete porvi, prima di cominciare a realizzare un sito è:

Che tipo di sito posso creare?

Che stiate per creare il vostro primo sito oppure no, prima di tutto, vi serve una buona idea. Può essere una pagina semplice che illustra il vostro hobby o ambiziosa, come quella di un'azienda on-line. Se non sapete quali argomenti inserire nel vostro sito Web, potete cominciare a navigare sulla rete in cerca di informazioni.

Alcune idee per cominciare a pensare al vostro sito potrebbero essere:

1. **CREARE UNA COMUNITÀ ONLINE**: Avete un'associazione culturale? Un club o una fondazione? Quale

migliore occasione per farvi conoscere da milioni di utenti, se non via Web? Pensate ai benefici che potrete ottenere; attrarre nuovi membri, aggiornare gli iscritti su novità e avvenimenti futuri. Cercate di allargare i vostri orizzonti e invitate con tutti i mezzi nuove persone a vedere il vostro sito. Potrete anche contattare persone da ogni parte del mondo.

2. **CONDIVIDERE LE VOSTRE PASSIONI**: Qualunque sia il vostro hobby, ci sono sicuramente molte persone che sul Web condividono la vostra idea. Potreste parlare di passatempi creativi come arte, musica, spettacolo oppure sport. È possibile costruire un mini sito per poter esibire i propri lavori e poter esporre tutto il materiale che avete raccolto. Magari contattando altre persone che come voi amano quella determinata arte e cominciare a stabilire dei rapporti con loro.

Ricordate che più il vostro sito sarà completo e pieno di notizie aggiornate e curiose, più attirerà visitatori. Dovrete creare un circolo vizioso che porti tutti i visitatori ad entrare nel vostro sito Web.

3. **SHOPPING ONLINE**: Avete una società oppure una piccola attività commerciale? Niente paura, potrete creare e gestire un vostro mini Sito e promuovere così la vostra attività. Esistono tante soluzioni a basso costo per la vostra azienda, come le soluzioni e-commerce che oramai sono veramente alla portata di tutti grazie ai pannelli i controllo che permettono di gestire al meglio anche a chi non è pratico di internet e di pc.

Grazie al sistema back office potrete vendere a tutti i vostri prodotti/servizi 24 ore su 24.

4. **CREARE UN GIORNALE ONLINE**: Siete appassionati di scrittura? Siete dei giornalisti in erba? Insomma, avete voglia di creare un sito di informazione che possa farvi sbizzarrire e aiutarvi a realizzarvi professionalmente?

Allora cominciate a creare il vostro giornale online, potrete inserire di tutto, creare delle sezioni specifiche per ogni argomento, inserire fotografie, filmati, notizie utili per la comunità ecc. In questo modo, potrete attirare tantissimi utenti e piano comincerete a vedere i primi risultati sia professionali sia economici.

5. **GALLERIA FOTOGRAFICA**: Avete tante foto e volete attirare l'attenzione degli utenti? Le immagini hanno un forte potere emotivo e sono molto utili a raggiungere tale obiettivo. Le immagini rendono anche più accattivante un testo, quindi cercate di aggiungerne quante più ne avete.

Collocatele in un album ben ordinato, così da agevolarne la consultazione. Le foto diventano indispensabili se avete un negozio on-line, perché permettono ai potenziali acquirenti, di farsi un'idea del prodotto che intendono acquistare.

6. **CHAT**: Siete amanti delle chat, passate ore e ore a chiacchierare e a conoscere persone in rete? Perché non crearne una! Invece di rendere i vostri visitatori passivi, fateli partecipare al vostro sito e incoraggiateli a tornare più volte, con un questionario o un libro degli ospiti (guest book).

Quest'ultimo differisce dalle chat room per le discussioni che non vengono condotte in tempo reale, ma attraverso dei messaggi lasciati, che chiunque potrà leggere. Anche le message board svolgono una funzione analoga ai guest book, ma in più permettono di replicare ai messaggi, organizzando una discussione interattiva (comunemente chiamata "thread") proprio come un newsgroup.

L'aggiunta di un guest book al vostro sito potrà veramente fare la differenza.

7. **SITO DI INTRATTENIMENTO**: Creare un sito di questo tipo è scuramente molto complesso, ma esistono molte risorse per imparare a farlo.

Sicuramente dovrete avere prima le basi per costruire un sito web (e questa guida vi sarà molto utile per lo scopo), e solo in seguito comincerete a capire come inserire elementi quali sondaggi, questionari e quiz generati in html oppure scaricati da siti applet gratuiti come (html.it) e integrati nelle vostre pagine. Potreste anche aggiungere musica, video, giochi, Shockwave e Javascript.

SEGRETO n. 1: Definite bene il sito che volete creare, prendendo spunto dalle idee proposte all'inizio, oppure da una vostra idea ben pianificata.

LA PROGETTAZIONE GRAFICA E WEB

Il carattere: che cos'è, e come si riconosce

Il font è costituito dalle lettere che compongono un alfabeto. Un buona grafica riuscita dipende soprattutto da una giusta scelta del font. Se si sbaglia carattere si rischia di affaticare la lettura e addirittura diventa illeggibile il testo, abbiamo quindi una cattiva comunicazione.

Per realizzare un buon lavoro bisogna analizzare bene i font. Esistono parecchie classificazioni dei font, in generale possiamo dividere i font in 4 grandi famiglie (serif, sans-serif, calligrafici e creativi), ma potremmo fare ancora mille distinzioni dato che la varietà dei font in circolazione è tantissima. Di sicuro le più importanti sono le prime due perché costituiscono la base da cui si creano tutti gli altri.

- **Serif o graziati**; sono formati da dei trattini chiamati grazie o serif, che abbelliscono le linee di cui è formato un carattere. Donano uno stile chic, uno stile elegante o un effetto old style.

- **Sans-serif o bastoni**; sono, al contrario dei serif, privi di qualsiasi abbellimento grafico. Sono i più usati sul web e sulla stampa periodica, perché risultano semplici, formali e di facile lettura anche a dimensioni ridotte. I sans-serif sono usati molto nella grafica per la costruzione di loghi aziendali.

- **Script o calligrafici**; dalla vecchia arte della calligrafia dove i caratteri venivano creati a mano con le stilografiche nascono questi font. Sono spesso in corsivo inclinati e con lettere che tendono a unirsi fra loro. Sono molto usati graficamente per scritture eleganti e cerimoniali, ma sono di difficile lettura.

- **Creativi**; sono tutti quei font nuovi che nascono giorno per giorno e li troviamo da scaricare sui siti di font nella sezione simboli/speciali/ornamentali.. Di solito hanno effetti particolari e sono accompagnati da elementi grafici come oggetti legati a festività ecc. Ad esempio i font di Natale, di Halloween, di Pasqua ecc. Questi tipi di font sono assolutamente sconsigliati per testi lunghi.

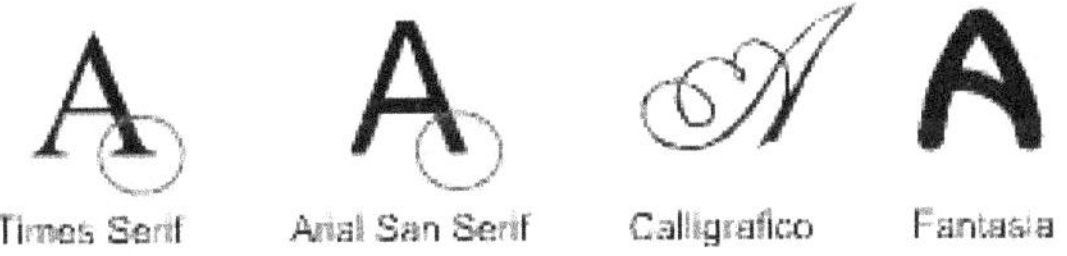

Quando dobbiamo redigere n testo, dopo aver scelto con criterio il font da usare, dobbiamo fare attenzione anche alla “crenatura” ossia lo spazio tra le lettere di una parola. Alcuni font vengono chiamati “**monospaced**”, dove tutte le lettere hanno la stessa larghezza (ovvero sia lettere strette come la "i", che lettere larghe come la "o" occupano lo stesso spazio), mentre in tutti gli altri la larghezza dipende dalla forma della lettera stessa.

L'unità di misura: A oggi, il sistema di misurazione tipografica utilizza, come unità di misura, la riga tipografica, suddivisa in 12 punti (nel sistema Didot).

Il punto tipografico (pt) corrisponde a 0,376 mm e, di conseguenza, la riga tipografica a 4,512 mm (=0,376 mm x 12 pt). Il mezzo di misura si chiama tipometro che ha, di norma, da un lato la scala in mm sull'altro quella in punti e righe tipografiche.

La dimensione del corpo di un carattere, cioè la sua altezza totale, si misura in punti tipografici (ad esempio: c. 8, c. 12, c. 48 ecc.). La giustezza, cioè la larghezza della colonna composta, si misura in righe tipografiche (ad esempio: g. 12, g. 36, g. 48), o in centimetri. Il tipometro è lo strumento per misurare i punti tipografici e la distanza tra le linee di testo.

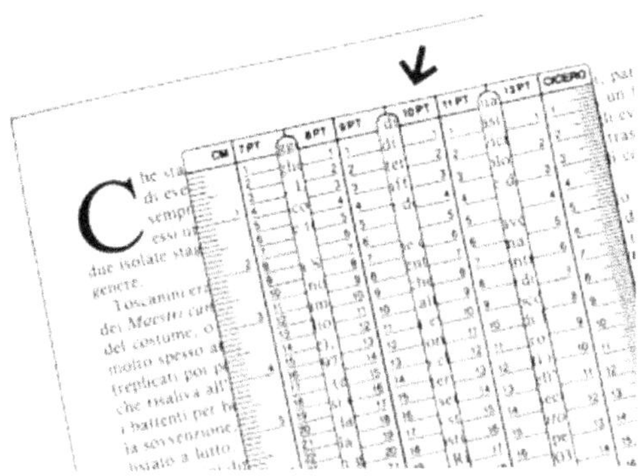

Figura 1
Tipometro

Esistono differenti criteri di classificazione dei caratteri tipografici. In realtà tutti gli studiosi si cimentano nel classificarli. Ma oggi data la quantità è quasi impossibile.

In Italia, il più diffuso è quello di Aldo Novarese, secondo un criterio storico, cronologico ed estetico che ha delineato 10 gruppi; **lapidari, medievali, veneziani, transizionali, bodoniani, scritti, ornati, egiziani, lineari e fantasia**.

Figura 2
La classificazione dei caratteri di Aldo Novarese.

I primi otto gruppi si riferiscono a caratteri "*graziati*", mentre gli ultimi due a caratteri "*bastoni* o *lineari*". I tratti finali sono le parti che costituiscono la differenza tra caratteri con grazie (*i graziati*) e senza grazie (*bastoni* o *lineari*). I font generalmente sono indicati con il nome del creatore o con nomi di fantasia. Alcuni font , pur facendo parte della stessa famiglia hanno degli elementi che li contraddistinguono e quindi non sempre sono facili da leggere.

Garamond Times Verdana

Esempi d'uso di caratteri da editoria

Lorem ipsum dolor sit amet, consectetuer adipiscing elit, sed diem nonum euismod tincidunt ut lacreet dolore magna aliguam erat volutpat. Lorem ipsum dolor sit amet, consectetuer adipiscing elit, sed diem nonum.

Garamond, chiaro tondo, c. 12 pt, interlinea standard

Lorem ipsum dolor sit amet, consectetuer adipiscing elit, sed diem nonum euismod tincidunt ut lacreet dolore magna aliguam erat volutpat. Lorem ipsum dolor sit amet, consectetuer adipiscing elit, sed diem nonum.

Times, chiaro tondo, c. 12 pt, interlinea standard

Lorem ipsum dolor sit amet, consectetuer adipiscing elit, sed diem nonum euismod tincidunt ut lacreet dolore magna aliguam erat volutpat. Lorem ipsum dolor sit amet, consectetuer adipiscing elit, sed diem nonum.

Verdana, chiaro tondo, c. 12 pt, interlinea standard

L'interlineatura, la spaziatura e la composizione del testo

L'interlinea di un testo non è altro che lo spazio tra una riga e l'altra. Interlineare un testo significa ampliare lo spazio fra una linea e l'altra, sterlineare significa ridurlo.

Nell'impaginazione spesso si ricorre all'interlinea per aumentare la leggibilità e la bellezza di un testo. Generalmente è aumentata nel caso in cui le righe di testo risultano troppo vicine e al contrario viene ridotta nel caso in cui esse sono già molto larghe tra di loro.

Ai fini della leggibilità si considera ottimale un testo la cui giustezza contenga otto/dieci parole. In alcuni casi l'interlineatura è aumentata o ridotta per accentuare particolari modelli di impaginazione, al di là della facilità o comodità di lettura. Le prove in fase di progettazione devono considerare opportunamente i rapporti tra formato, margini, corpo del testo, giustezza e interlinea.

La spaziatura o crenatura: spaziare un testo significa introdurre più spazio tra una parola e l'altra o tra una lettera e l'altra. La maggior parte dei programmi di videoscrittura e di grafica prevedono tali correzioni automaticamente.

Di solito bisogna utilizzare bene questo parametro perché può anche rallentare la lettura di un testo dando all'occhio una sensazione di perdita di orientamento nella lettura. I caratteri che ne hanno più bisogno sono quelli creativi perché essendo molto disegnati hanno bisogno di spazio per risultare leggibili soprattutto a dimensioni molto ridotte.

Composizione del testo: Esistono diverse composizioni del testo; quelle classiche sono le seguenti.

La composizione a "***bandiera***" a destra o a sinistra, in cui è costante la spaziatura tra tutte le parole. L'ultima parola della riga che non può esservi contenuta, viene portata a capo.

La composizione del testo a "***pacchetto***" giustificata, in cui la spaziatura è diversa all'interno della riga, e anche tra le altre righe, ma il testo risulta comunque impaginato in una struttura chiusa senza sbavature. Questo avviene perché lo spazio residuo a fine riga è automaticamente suddiviso fra tutti gli spazi fra parola e parola, contenuti nella riga stessa.

Inoltre un testo può essere impaginato a ***"epigrafe"*** *centrato,* ovvero centrando le righe di testo tra di loro e alla pagina, oppure a ***"sagoma"***, o contornato ad un'immagine, in questo caso le righe di testo si allineano ad un'immagine o ad un disegno.

Lorem ipsum dolor sit amet, consectetuer adipiscing elit,
sed diem nonum euismod tincidunt ut lacreet dolore magna
aliguam erat volutpat. Lorem ipsum dolor sit amet,
consectetuer adipiscing elit, sed diem nonum.

Composizione del testo a epigrafe

Lorem ipsum dolor sit amet, consectetuer adipiscing elit, sed diem nonum euismod tincidunt ut lacreet dolore magna aliguam erat volutpat. Lorem ipsum dolor sit amet, consectetuer adipiscing elit, sed diem nonum.

Composizione del testo a bandiera a sinistra

Lorem ipsum dolor sit amet, consectetuer adipiscing elit, sed diem nonum euismod tincidunt ut lacreet dolore magna aliguam erat volutpat. Lorem ipsum dolor sit amet, consectetuer adipiscing elit, sed diem nonum.

Composizione del testo a bandiera a destra

Lorem ipsum dolor sit amet, consectetuer adipiscing elit, sed diem nonum euismod tincidunt ut lacreet dolore magna aliguam erat volutpat. Lorem ipsum dolor sit amet, consectetuer adipiscing elit, sed diem nonum.

Composizione del testo a pacchetto

Lorem ipsum dolor sit amet, consectetuer adipiscing elit, sed diem nonum euismod tincidunt ut lacreet dolore magna aliguam erat volutpat. Lorem ipsum dolor sit amet, consectetuer adipiscing elit, sed diem nonum.

Composizione del testo con immagine incorniciata

Qualsiasi lavoro voi stiate per svolgere che sia la redazione di un testo giornalistico, un testo per internet, oppure un testo da pubblicare s una brochure o un opuscolo dovete sempre e in ogni caso effettuare delle prove di scelta del carattere. Scegliete bene il font adatto, l'interlinea e la spaziatura. Fatelo leggere a chi avete vicino e cercate di riscontrare i vari problemi.

Se volete scrivere un libro sicuramente avrete dei costi da sostenere, la tipografia di certo non vi farà degli sconti! Quantificate il numero delle pagine complessivo del vostro lavoro riuscirete così a valutare i costi di produzione. In questo modo si possono prendere in considerazione alcune modifiche da apportare alla pubblicazione, come ad esempio la riduzione del corpo o una differente giustezza.

Ecco un buon esercizio che potete fare per calcolare il numero di pagine che potrà occupare un determinato testo.
PROCEDETE COSÌ:

- Contate le battute per riga (compresi gli spazi bianchi tra parola e parola) moltiplicateli per il numero di righe comprese nella pagina del testo originale. Moltiplicando il risultato per il numero dei fogli del testo originale si otterrà il numero complessivo delle battute. Se il testo è impaginato a bandiera si terrà conto del numero medio di battute.
Per esempio: il testo originale è di 100 pagine, di 28 righe di 50 battute per ciascuna pagina, conterrà circa 140.000 battute.

- Il numero delle battute complessive viene diviso per il numero delle battute contenute nella pagina campione (ad esempio 2100), da cui risultano circa 66 pagine totali.

SEGRETO n. 2: Per iniziare bene dovete progettare con cura. Decidete ogni singola cosa che il vostro sito dovrà contenere e stabilite ogni singolo passaggio fondamentale;

SEGRETO n. 3: Usate sempre font semplici nelle vostre pagine Web e non fatevi incantare da caratteri belli ma poco leggibili. Questo vi aiuterà a non incontrare problemi nell'impaginazione delle vostre pagine Web.

L'impaginazione

L'impaginazione consiste nel collocare il contenuto di un documento (testo e immagini) all'interno di un formato (foglio) e secondo determinate regole architettoniche (gabbia, font, corpi, posizione, interlinee, fondi, cornici ecc.).

Prima di procedere all'impaginazione vera e propria per ogni elemento strutturale del testo (parte, capitolo, titolo, sottotitolo testo, liste, dialoghi, esempi, citazioni, tabelle, box, strilletti, didascalie ecc.), è necessario stabilire alcune cose importanti:

- il **formato**, in pratica il foglio, che è dato dalle misure in altezza e larghezza;
- la **gabbia**, che è l'area all'interno della quale sono disposti testo e figure.
- i **font** (tipo di caratteri).
- i **corpi** (grandezza dei caratteri).
- la **posizione**, i **valori di interlinea** e tutti gli altri **elementi grafici** (linee, punti elenco, griglie ecc.).

L'impaginazione è molto più che la semplice disposizione dei vari elementi grafici all'interno di uno spazio bianco. Esaminiamo alcuni punti fondamentali utili per realizzare una buona impaginazione:

I Tipi di Bilanciamento

Un aspetto da analizzare che assicura una buona estetica e una giusta linea di impaginazione al vostro testo è sicuramente il bilanciamento. I tre tipi più usati sono il bilanciamento formale o simmetrico, quello informale o asimmetrico e quello radiale.

- Bilanciamento formale

Gli elementi sono disposti rispetto ad un asse verticale centrale immaginario, con uguale distribuzione di pesi, sulla parte destra e sinistra. Le due parti sono speculari (si utilizza di solito per dare aspetto di solidità, integrità e tradizione).

- Bilanciamento informale

In questo caso la disposizione degli elementi all'interno della pagina o layout è asimmetrica, non è sempre uguale, e si cerca di dare bilanciamento usando elementi che si controbilanciano a vicenda (si utilizza di solito per dare un aspetto moderno, energetico e intelligente).

- Bilanciamento radiale

Gli elementi sono disposti intorno a un punto centrale . In questo caso si rispecchiano le basi del bilanciamento formale. (si utilizza per dare l'aspetto di unità, gruppo di lavoro).

Layout cos'è?

Una volta stabilito quello che volete creare dovrete tener conto del layout. Ne avrete sicuramente sentito parlare ma vediamo bene che cos'è. La definizione è più o meno questa: la disposizione di elementi visivi in una pagina viene chiamata layout. E' importante che conosciate bene i formati disponibili per il progetto. Progettare un layout fuori misura può comportare l'impiego di carta più grande con relativo spreco di spazio e di costi di produzione. Ogni aspetto del design coinvolge la creazione di layout (libro, volantino, immagini, illustrazioni ecc.).

Quindi la scelta della carta e del formato è di vitale importanza.

Pagine Master: a cosa servono?

Le pagine master sono un aiuto grandissimo nel lavoro dell'impaginatore e possono essere d'aiuto anche a Voi. Una gabbia o griglia si presenta come un insieme di righe organizzate che consentono una giusta composizione degli elementi all'interno di una pagina. Sono un modello di layout definito, in cui le guide, i margini, gli spazi tra gli elementi vengono tutti impostati in modo da poter essere applicati a tutto il resto del documento. La griglia divide lo spazio in sezioni modulari, creando le basi di un sistema che identifica lo stile della pubblicazione.

È indispensabile che titoli, testo e immagini rispettino la loro collocazione in riferimento alla gabbia immaginaria. Lo scopo è dare continuità e ordine agli elementi, in modo che chi legge riconosca un ordine che lo aiuterà nella lettura e nel ritrovare velocemente i contenuti. Anche se negli ultimi anni molte regole si sono allentate ogni pagina, all'interno, dovrebbe seguire lo stesso sistema a griglia, per favorire coerenza e unità.

I software di grafica e di impaginazione come Adobe Pagemaker o XPress consentono di creare facilmente griglie (pagine master) da usare nei progetti. Questi programmi permettono di risolvere i problemi di disposizione creando un modello che rende più facile e veloce posizionare gli elementi nella nostra composizione, cosi da dare un aspetto coerente e ben organizzato. Nella fase di progettazione capita spesso di non sapere quali elementi dovranno essere inseriti nel vostro lavoro ad esempio il testo ancora non è pronto il fotografo potrebbe non aver scattato le foto ma al vostro cliente dovrete comunque presentare il layout anche se incompleto. In questo caso , si usa la tecnica del segnaposto, ad esempio, se sappiamo che saranno usate delle foto possiamo creare delle aree grigie per rappresentarle visivamente, per il testo se ne può utilizzare uno "finto" del numero di parole da cui sarà composto l'articolo.

Creare interesse visivo

Ma come si fa a creare il giusto interesse visivo attraverso l'impaginazione? Quali sono i metodi più usuali? Gli schemi di impaginazione possono essere infiniti, ma noi ci soffermeremo su quelli più comuni. Nell'impaginazione bisogna considerare: oltre alla spaziatura e all' interlineatura che abbiamo visto prima anche la larghezza dei margini interni in funzione della rilegatura, dove devo posizionarsi i numeri di pagina e i titoli. Vediamo ora l'impaginazione a colonne.

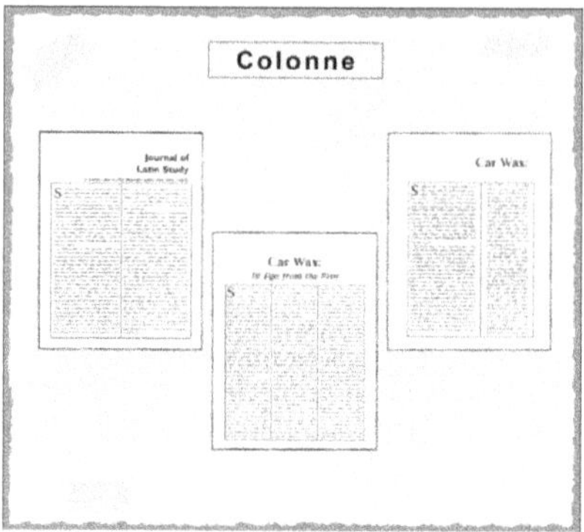

Figura 3
Disposizione del testo in colonne

Impaginazione a due colonne di uguale larghezza

Viene utilizzata per migliorare la leggibilità in testi molto lunghi, soprattutto nelle pubblicazioni giornalistiche per incrementare la lettura dell'articolo. In questo modo sembra meno lungo e non fa paura al lettore.

La larghezza è generalmente stabilita dalla dimensione del font che si utilizza, inoltre si deve tenere presente che colonne più corte sono più facili da leggere per la maggior parte delle persone e i margini sono di solito almeno il doppio della distanza tra le colonne.

Impaginazione a due colonne di differente giustezza:

Si utilizza quando si hanno due testi di significato diverso che scorrono parallelamente ad esempio un testo principale e un commento secondario. In questo modo si cattura ancora meglio l'interesse del lettore. A volte le de colonne possono anche essere scritte usando dei caratteri differenti o anche in corsivo o in grassetto per distinguersi le une dalle altre. L'utente è sempre molto attratto dai cambiamenti.

Tre colonne:

Questo metodo di impaginazione è ottimo per creare una pagina dinamica ed economica. In questo modo tutta la pagina viene sfruttata spesso solo per il testo anche se le colonne strette impongono un allineamento a sinistra o giustificato e l'uso di corpi di testi piuttosto piccoli. Spesso gli articoli economici oppure documenti informativi di una certa importanza assumono questo aspetto.

L'effetto è comunque una pagina con molto testo anche se delimitato nei suoi spazi. Consiglio sempre di utilizzare massimo due colonne, ma naturalmente tutto dipende da quello che state per fare e da dove dovrete pubblicare il vostro testo.

La Z:

La psicologia ci insegna che le persone percepiscono le cose in un cero modo che è prevedibile, per questo siamo in grado di capire come il lettore si muoverà nella lettura di un documento. Nella cultura occidentale, l'occhio comincia dall'angolo in alto a sinistra e va direttamente all'angolo in alto a destra, si sposta in diagonale in basso a sinistra e va verso l'angolo in basso a destra (come a formare una z sulla pagina).

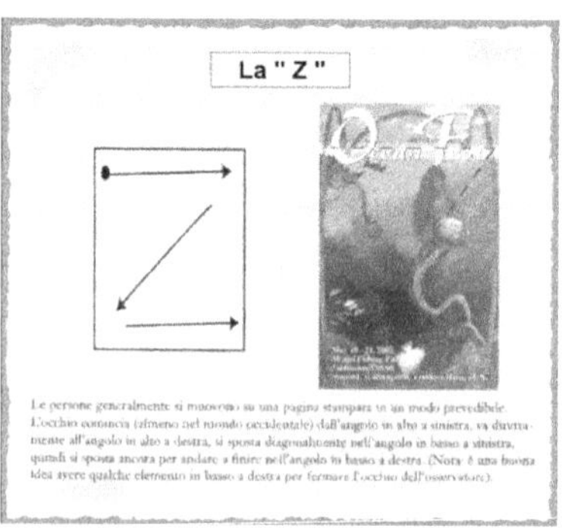

Figura 4

Punto focale

Su ogni pagina c'è un punto specifico che la gente guarda per primo, di solito questo punto si trova in alto a destra. Quindi nel creare una composizione grafica staremo attenti a tenere ben in testa questo suggerimento.

Ritmo

Si sente parlare nell'ambito grafico di "ritmo visivo", ma che significa? Che le parole si muovono a suon di musica oppure cosa più realistica che all'interno della pagina esse cambiando forma, dimensione e numero di elementi creano un ritmo nuovo e danno alla pagina movimento e varietà.

Alcuni accorgimenti:

a. Gli elementi più grandi sono visti per primi;

b. Gli elementi più grandi hanno meno ritmo;

c. Gli elementi più scuri sono visti prima di quelli più chiari;

Le forme insolite sono osservate prima di quelle convenzionali.

Unità

Dare "Unità" a un prodotto editoriale o grafico significa analizzare se le proporzioni sono appropriate, se i font scelti lavorano bene insieme se c'e' una coerenza di stile, se il bilanciamento è appropriato, se le forme sono armoniose.

Linee

L'so delle linee come oggetto nella grafica è importantissimo e non va mai sottovalutato. Le linee sono usate per dividere lo spazio, servono per indicare un limite ad esempio possono essere usate per dividere l'area di scrittura di una carta intesta dall'area che è riservata al logo o all'indirizzo.

Ad esempio le linee dei caratteri diventano un elemento della composizione, ma possono essere usate per dirigere l'occhio dell'osservatore nella pagina. Le persone hanno la tendenza a seguire percorsi visivi di una linea.

Come abbiamo già detto, nel mondo occidentale le persone leggono da sinistra verso destra e se l'informazione visiva non segue questa nozione preconcetta, l'osservatore perde l'interesse.

Una delle proprietà migliori delle linee è che per essere efficaci non hanno neppure bisogno di esserci. Le persone mentalmente creano linee, dove non ci sono segmenti che formano una struttura basata su un percorso visivo.

Il formato

Potete realizzare qualsiasi lavoro d'impaginazione, potete osare e creare degli schemi fantasiosi, ma prima di tutto dovrete vedervela con il giusto formato. La sua scelta è molto condizionata dal formato della carta da utilizzare questo, infatti, viene scelto in rapporto al formato della macchina da stampa cosi da consentire un utilizzo più economico. Questo vale per manifesti, opuscoli, volantini, bigliettini ecc.

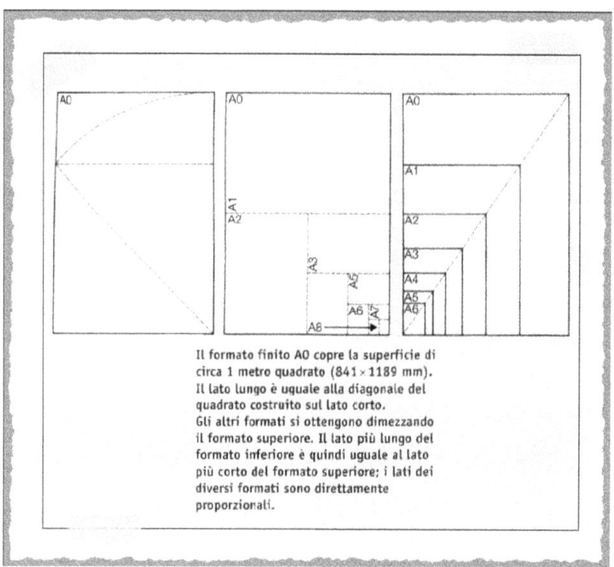

Figura 5 Formati della carta

Secondo la regolamentazione UNI i formati carta sono i seguenti:

A6	A5	A4	A3	A2	A1
10,5x14,8	21x14,8	21x29,7	42x29,7	42x59,4	59,4x84,1

Una volta ultimato il progetto di impaginazione, si dispone il testo con i criteri generali così stabiliti utilizzando le indicazioni dell'editore che ha già attribuito ad ogni parte del manoscritto la sua identificazione strutturale. L'impaginatore attribuisce così a ogni elemento strutturale del testo la sua specifica configurazione all'interno della gabbia.

Per l'impaginazione professionale si utilizzano alcuni programmi che consentono di avere un controllo totale sulla disposizione del testo e degli altri elementi grafici. I programmi più utilizzati dai professionisti della pubblicazione sono **QuarkXpress** e **InDesign**. Anche con **Microsoft Word** è possibile, sebbene con molte difficoltà, impaginare un testo in modo artigianale.

Le funzioni di Word sono molto limitate, ma le nuove versioni stanno cercando di ovviare alle vecchie lacune e i risultati possono essere anche buoni. Si ricorda, comunque che Word è un efficientissimo programma di video scrittura, ma non di impaginazione.

SEGRETO n. 4: Curate bene l'impaginazione, stabilite il punto focale di ogni pagina web e testatene la visione con conoscenti per capire se percepiscono subito il messaggio trasmesso.

SEGRETO n. 5: Fatevi un archivio di fonts variegato.

LINK:

Per scaricare gratuitamente
i fonts e per crearli

www.tuttogratis.it/font
www.risorse.net/font/
www.font.html.it
http://font.html.it/software.htm

RIEPILOGO DEL GIORNO 1:

Bravi siete arrivati alla fine del PRIMO GIORNO. Ora possedete già un'infarinatura di base per iniziare subito a lavorare e a progettare il Vostro Sito Web.

Ricordate prima di procedere di fare attenzione ai seguenti segreti:

- **SEGRETO n. 1:** Definite bene il sito che volete creare, prendendo spunto dalle idee proposte all'inizio, oppure da una vostra idea ben pianificata.
- **SEGRETO n. 2:** Per iniziare bene dovete progettare con cura. Decidete ogni singola cosa che il vostro sito dovrà contenere e stabilite ogni singolo passaggio fondamentale;
- **SEGRETO n. 3:** Usate sempre font semplici nelle vostre pagine Web e non fatevi incantare da caratteri belli ma poco leggibili. Questo vi aiuterà a non incontrare problemi nell'impaginazione delle vostre pagine Web.
- **SEGRETO n. 4:** Curate bene l'impaginazione, stabilite il punto focale di ogni pagina web e testatene la visione con conoscenti per capire se percepiscono subito il messaggio trasmesso.
- **SEGRETO n. 5:** Fatevi un archivio di fonts variegato.

GIORNO 2
L'ELABORAZIONE DELLE IMMAGINI

La codifica e la compressione delle immagini

Ogni persona che intende avvicinarsi al mondo della grafica e del web non può non analizzare approfonditamente le immagini. Esistono vari tipi di grafica ed è fondamentale capirne tutte le caratteristiche, solo così si può concepire la giusta strategia per creare un proprio progetto grafico.

Attraverso l'informazione digitale, tutte le immagini sono state trasformate in numeri. Le immagini che vediamo di solito in televisione o su un monitor di un computer ad una certa distanza sono normali, ma se ci avviciniamo molto al video, diventano "sgranate" perché sono composte da tanti piccoli puntini luminosi e colorati: i pixel.

La codifica digitale delle immagini, avviene attraverso la rappresentazione in numeri, cioè ogni pixel equivale ad un numero. Le immagini digitali ad alta definizione richiedono una quantità enorme di byte per essere memorizzate. Per risolvere questo problema l'unica soluzione è di comprimere i dati e di decomprimerli prima del loro utilizzo. Questo processo prende il nome di codifica, mentre quello attraverso il quale si decomprimono assume il nome di decodifica.

Il **formato di file grafico** è il sistema in cui i dati grafici vengono memorizzati in un file dal programma.

Ma come funziona la compressione?

La **compressione** è quel metodo che permette di eliminare dalle immagini tutti quei dati che non sono visibili all'occhio umano, e che quindi sono abbastanza inutili.
Per effettuare questa compressione esistono diversi programmi che utilizzano diversi metodi:

- Compressione **interframe** (compressione **spaziale**): questi programmi eliminano i dati duplicati che compaiono all'interno del singolo fotogramma.

- Compressione **intraframe** (compressione **temporale**): questi programmi partono da un fotogramma di riferimento ed eliminano le ridondanze di quelli successivi. Così facendo, memorizzano solo le differenze rispetto al fotogramma precedente.

SEGRETO n. 1: Prima di tutto cercate tante foto e analizzatele; che formato sono? Sono adatte al web? Devo convertirle in jpg o gif?

Grafica raster e grafica vettoriale

Analizziamo ora due tipi di grafica quella **raster** e quella **vettoriale**. La grafica raster è costituita da informazioni che vengono memorizzate attraverso **pixel** colorati, invece la grafica vettoriale è formata dalle informazioni che vengono rappresentate attraverso un insieme di regole matematiche ossia unti, linee, curve e poligoni opportunamente colorati.

I maggiori vantaggi della grafica vettoriale rispetto alla grafica raster, sono la migliore qualità anche nella stampa, la compressione dei dati e la facile gestione delle modifiche alle immagini. Il peggiore difetto della grafica vettoriale rispetto alla grafica raster è per realizzare questo tipo di immagini, bisogna saper conoscere i programmi professionali che permettono di realizzarle: M. FREEHAND, A. INDESIGN ecc.

Questi programmi vettoriali dispongono di molti strumenti che per essere utilizzati correttamente richiedono molte conoscenze.

Le immagini raster una volta ingrandite vi mostreranno i singoli pixel, invece se provate ad ingrandire una linea vettoriale vedrete che questa linea sarebbe memorizzata come un'equazione che parte da un punto identificato con delle coordinate iniziali e termina in un altro punto definito con delle coordinate finali.

Il termine **raster** nasce insieme agli sviluppi della televisione analogica e, nel campo dell'informatica, indica un'immagine costituita da punti o pixel. La densità dei pixel che costituiscono un'immagine è detta "**risoluzione**" ed è espressa in pixel/pollice o pixel/centimetro.

I programmi di grafica vettoriale danno la possibilità agli utenti di vedere l'immagine in visualizzazione **wire-frame e shaded**:

Visualizzazione wire-frame: questa visualizzazione consente di vedere esclusivamente le linee che compongono l'immagine ed è molto utilizzata per lavorare più agevolmente l'immagine stessa.

Visualizzazione shaded: quest'altra invece ricorre a immagini bidimensionali chiamate texture, che sono applicate ai poligoni dell'oggetto tridimensionale in modo da attribuire un'ombreggiatura. L'operazione di applicazione di una texture a un poligono prende il nome di **texturing** appunto da texture.

CONSIGLIO: Questo è il momento di cercare tutte le **fotografie** che avete in casa (o qualsiasi materiale **online**) e analizzarlo!

CONOSCERE I FORMATI È FONDAMENTALE!!!

I vari formati:

BMP: è il formato grafico chiamato bitmap di microsoft windows. Visualizza di solito immagini aster su programmi windows e supporta immagini fino a **24 bit**. La compressione è opzionale, l'estensione è .bmp.

GIF: Graphic Interchange Format.
Il formato Gif nacque intorno agli anni 80 e si sviluppò nei 90. Consente di visualizzare un numero di colori pari a 256; a causa della sua ridotta tavolozza di colori, è usato per rappresentare disegni lineari in bianco e nero, immagini con pochi colori e senza eccessive sfumature (come le clipart). Proprio per questo viene usato per molte immagini sul web che non hanno bisogno di molti colori come quelle per la stampa. Il formato GIF usa una forma di compressione **LZW** che mantiene inalterata la qualità dell'immagine, ovvero riduce le dimensioni del file senza pregiudicare la qualità grafica dell'immagine.

Esiste un nuovo formato chiamato "Gif 89A" che permette di definire un colore dell'immagine come "trasparente"; perciò è possibile creare immagini senza quel fastidioso rettangolo bianco di sfondo.

Le immagini GIF inoltre, sono dotate della funzione "Interlacciamento" che permette di visualizzare l'immagine gradualmente in un browser web fino al download completo. Inizialmente l'immagine avrà una scarsa qualità, che man mano verrà migliorata fino alla perfetta visualizzazione. Questa caratteristica consente di usufruire di una più veloce anteprima di quanto sarà visualizzato in seguito.

Il formato gif permette anche l'animazione delle immagini, ad esempio quando una serie di immagini viene salvata come singolo file con estensione .gif, le immagini vengono visualizzate in rapida sequenza in un browser web, fornendo l'aspetto di un'immagine in movimento. Un'immagine GIF animata cattura l'immediata attenzione nei confronti di un logo o di un oggetto selezionabile all'interno delle pagine Web.

Il tempo di download della GIF animata dipenderà dal numero di fotogrammi. In questo modo è possibile creare semplici animazioni e in pochissimo tempo.

immagine gif

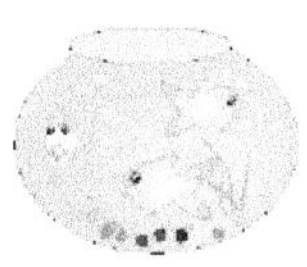

immagine gif animata

Colori supportati: 256 (immagine a 8 Bit)
Compressione: compressione senza perdita di informazioni.
Utilizza il metodo LZW
Trasparenza: Si.
Animazione: Si.

JPG: Joint Photographic Experts Group.

Il formato jpg è il formato più usato in assoluto sul web e permette anche di ottenere buoni risultati in stampa digitale. Viene usato soprattutto per rappresentare fotografie o comunque immagini che hanno bisogno di una gamma di colore più ampia delle GIF per essere rappresentate correttamente.

A differenza del formato GIF, il formato JPG non usa solo 256 colori, ma supporta milioni di colori. Di solito viene usato per creare foto con più particolari da pubblicare sul web o da trasferire via internet.

Data la sua elevata qualità è usato anche per prodotti da pubblicare online come opuscoli in pdf, scansioni di immagini, di fotografie ecc. Infatti le macchine fotografiche di ultima generazione producono delle Jpg ad alta risoluzione che possono essere stampate anche in grandi formati.

Il formato JPEG ha una buona compressione e riesce in modo efficace a ridurre fotografie di qualità elevata e di grandi dimensioni in foto di qualche centinaio di KB. Tuttavia si perde la qualità della foto, quindi maggiore sarà la riduzione della dimensione del file grafico, maggiore sarà la perdita di qualità, fino a che l'immagine risulterà sgranata.

Se si effettuano modifiche ripetute e si salva di nuovo l'immagine in formato JPG, la qualità relativa può deteriorarsi in modo considerevole. Si consiglia quindi di conservare copie di tutte le immagini originali su cui si lavora per essere in grado di riutilizzarle nel momento opportuno.

Il formato JPG non mantiene le caratteristiche di trasparenza e di animazione, durante il salvataggio di un file, le aree trasparenti vengono convertite nel colore a tinta unita più simile e questo crea dei problemi per i grafici che odiano il cosiddetto "contorno bianco".

IMMAGINE JPG
Colori supportati: 16.777.216 (immagine a 24 bit)
Compressione: compressione con perdita di informazioni.
Utilizza il metodo Jpeg. Quando si esporta in questo formato è possibile definire la quantità di informazioni che deve perdere l'immagine. Ovviamente più si comprime il file più l'immagine perderà nitidezza e qualità.
Trasparenza: No.
Animazione: No.

Figura 6

immagine jpg a milioni di colori

PNG: Portable Network Graphic.

Il formato PNG è una specie di alternativa del formato gif. Esistono sul web milioni di icone e pacchetti di immagini in png da scaricare e inserire sul vostro sito. Ma nonostante sia molto diffuso per le sue ottime qualità, non è molto usato perché non tutti i tipi di browser lo visualizzano, quindi diventa sconveniente il suo utilizzo. Su alcuni browser per visualizzare le immagini di questo tipo è necessario installare un plug-in specifico.

Se state progettando il vostro sito web vi sconsiglio di utilizzare questo formato, perché potrebbe capitarvi che non si visualizzi su alcuni tipi di browser. Voi non sapete chi si collegherà al vostro sito che tipo di programma di connessione utilizzerà, potete solo presupporlo. In tutti i casi questo formato di file ha delle ottime qualità, supporta colori fino a 32 bit e può contenere la trasparenza. Se viene salvato e compresso non ha perdita di dati come il jpg, e mantiene intatte le qualità e le caratteristiche delle foto. Purtroppo però produce file di grandi dimensioni poco gestibili per il web.

Possiamo distinguere il formato **PNG-8**, che usa colori a 8 bit come i file di tipo GIF, e il formato **PNG-24** che invece supporta colori a 24 bit come i file di tipo JPEG. Entrambi i formati mantengono la trasparenza e la nitidezza dell'immagine.

IMMAGINE PNG 
TRASPARENZA: NO
Colori supportati: 16.777.216 (immagine a 24 bit)
Compressione: compressione senza perdita di informazioni. Utilizza il metodo LZ77.
Trasparenza: Si, per mezzo del canale alfa.
Il formato png, come il formato Jpg supporta 24 bit, ma, a differenza di quest'ultimo, fa uso di un canale detto "alfa" che specifica altri 256 colori (8 bit) destinati a gestire le trasparenze.

TIFF: è sicuramente il più usato, adattabile e affidabile formato di immagini usato a livello professionale. Supporta foto di qualità in bianco e nero, a scala di grigio, a scala di colore, nel mondo della grafica professionale e della stampa.

È un formato utilizzato dalla quasi totalità delle applicazioni; un file TIFF può essere di ogni dimensione e di ogni profondità di bit. Può essere salvato con o senza compressione e nel caso in cui sia compresso viene utilizzata la compressione senza perdita di informazioni. L'unico neo?
I file sono di grandi dimensioni.

È IL FORMATO PIÙ UTILIZZATO DAL MONDO DELLA STAMPA!!!

SEGRETO n. 2: Apritele in Photoshop qual è la risoluzione? L'immagine risulta sgranata alla vista? Sicuramente bisogna aumentare la risoluzione, regolare l'illuminazione, i canali ecc.

SEGRETO n. 3: Fate continue prove finché l'immagine non sarà perfetta alla vista, ma fate attenzione alla dimensione in Kb.

SEGRETO n. 4: In Photoshop la funzione salva immagine per Web vi aiuterà molto.

Grafica tridimensionale e ritocco delle immagini

Vediamo ora alcune nozioni importanti per la grafica vettoriale. Molte volte mi è capitato di non capire cosa stavo facendo quando mi trovavo a lavorare con programmi professionali e non conoscevo alcuni termini. Cominciamo dal presupposto che la grafica vettoriale può essere bidimensionale o tridimensionale, ed analizziamo queste terminologie:

ANTI-ALIASING

È quel procedimento grafico attraverso il quale è possibile eliminare o attenuare la sbavatura che appare sul monitor nelle immagini raster soprattutto nei bordi dei poligoni, nelle linee curve e in quelle oblique. L'anti-aliasing aumenta in maniera sensibile la qualità e il realismo della scena.

ALPHA BLENDING

È una funzione utilizzata per attribuire effetti di trasparenza a superfici e sostanze. Il canale alfa permette di regolare questa funzione. Il grafico può dare ai singoli pixel un colore diverso da quelli tradizionali come il rosso, il verde e il blu. Col sussidio di altre tonalità, in questo modo il programma grafico sfuma l'oggetto, che così appare trasparente, pur conservando le sue caratteristiche.

GORAUD SHADING

Questa è una funzione che permette di inserire e di mettere in contatto i colori all'interno dell' immagine. È un processo di determinazione del colore di un determinato pixel dell'immagine e si basa sullo studio del processo di illuminazione, che ricostruisce l'interazione tra gli oggetti e le sorgenti di luce.

MORPHING

È una tecnica meravigliosa usata nella grafica 3D, ma anche nella programmazione di molti siti web animati con M. FLASH. Essa è una tecnica che consiste nella trasformazione di un oggetto in un altro. Gli oggetti utilizzati possono essere di varia natura, anche foto o singoli oggetti grafici. Ci sono anche dei programmi professionali che hanno sviluppato questa tecnica a livelli altissimi. Date un'occhiata sul web e vedrete che se ricercate "programmi morphing" troverete tantissime novità utili per i vostri lavori.

RENDERING

È la fase finale di un processo grafico. Permette la rappresentazione quasi fedele di un oggetto in fase di progettazione, in modo che l'osservatore sia in grado di percepire forma, proporzioni, colori e superfici dell'oggetto.

IL MESTIERE DEL GRAPHIC DESIGNER

Parlare attraverso le immagini è molto spesso difficile, per una ragione abbastanza logica e cioè la concreta scarsità del nostro linguaggio verbale per descrivere quello che l'occhio vede e, di conseguenza, le sensazioni che ne derivano. Così, spesso non disponiamo di risorse semantiche capaci di definire la percezione di confusione che avvertiamo di fronte ad un'opera d'arte o la gioia che proviamo guardando la foto di un neonato sorridente.

Anche parlare attraverso le immagini non è un impresa facile.

L'occhio umano percepisce le innumerevoli forme e colori che abbiamo a disposizione, ma non è facile combinare assieme tali elementi per esprimere sensazioni e precisare significati. Il Grafico svolge un'attività che richiede tantissimo impegno e pazienza se vuole raggiungere il risultato sperato.

Il Grafico o Graphic designer, è quella figura professionale che per professione progetta la comunicazione visiva, è a lui che spetta tale compito. Progettare deriva dal latino *proicio*, gettare innanzi, e significa 'risolvere problemi', in altri termini, individuare il modo in cui affrontare una questione, per superarla brillantemente.

Il creatore grafico, quindi deve dar vita alle proposte dei clienti, e cerca una risoluzione attraverso elementi visivi combinati tra loro, lavora per immagini.

Chi richiede il progetto/lavoro, di solito può essere un privato, un ente, un'azienda che ha bisogno di un'immagine da mostrare all'esterno, chi lo esegue è un operatore della comunicazione; il risultato del lavoro di questo ultimo è la creazione di un progetto di lavoro che può essere ad es: un Marchio, una Corporate Identità, una brochure ecc...

Il Graphic Designer è responsabile della progettazione grafico-visuale di tutto il processo di comunicazione. È un vero e proprio regista della creatività espressa attraverso il segno. Il metodo di un Graphic Designer nasce da una cultura e da un bagaglio culturale che gli consente di trarre costantemente stimoli da varie discipline e fonti diverse: arti visive, psicologia della percezione, antropologia e scienze sociali in genere.

Un buon Graphic Designer deve comunque conoscere le tecniche della multimedialità ed essere sempre aggiornato sull'innovazione tecnologica.

Si occupa principalmente dei seguenti settori:

- immagine coordinata (identità globale di un'azienda o di un evento);
- grafica editoriale (libri, riviste, cataloghi);
- packaging (progetti per confezioni di prodotti);
- marchi e logotipi;
- allestimento di spazi espositivi (design per mostre, fiere, esposizioni);
- segnaletica;
- grafica per il web;
- grafica di animazione.

I professionisti con i quali si relaziona nel suo lavoro, sono Fotografi, Architetti, Illustratori, Tipografi, Allestitori, Pubblicitari, Esperti di Comunicazione.

I PROGRAMMI PROFESSIONALI

Adobe Photoshop

È uno dei programmi più potenti per l'elaborazione delle immagini, il ritocco delle foto e la creazione di soluzioni grafiche per il web. Rappresenta l'ambiente ideale per i disegnatori e i grafici alle prese con l'elaborazione di immagini sofisticate destinate alla stampa o alla pubblicazione sul Web.

Esso permette di:

- Creare e progettare immagini per il Web.
- Personalizzare e automatizzare testi, colori, texture, effetti pittorici e grafici.
- Correggere ed elaborare le foto.
- Dipingere, disegnare e preparare la grafica per altre applicazioni.

Macromedia Freehand e Adobe Illustrator

Sono due potenti programmi per la grafica vettoriale e vengono utilizzati in ambito professionale, soprattutto nel mondo dell'editoria e della stampa. Con tali applicazioni è possibile creare grafica vettoriale scalabile che può essere stampata a qualsiasi risoluzione, conservando dettagli e chiarezza nell'output. Sono utili per creare illustrazioni grafiche per la stampa e per il Web, per creare loghi, banner pubblicitari, opuscoli e stampati professionali.

Adobe Pagemaker e Quark X Press

Questi sono software usati per lo più, dalle aziende editrici per l'impaginazione di pubblicazioni molto professionali, da semplici volantini ai rapporti più complessi come libri, riviste, quotidiani ecc.

Questi programmi aiutano molto i progettisti a migliorare l'aspetto dei lavori effettuati, grazie all'uso di strumenti per impostare le pagine con schemi pre - impostati, clip art, immagini e font.

Macromedia Fireworks

Prodotto dalla Adobe Systems Incorporated ed ideato per la creazione di grafica web, in particolare di immagini e di animazioni di qualità professionale. Si possono creare pulsanti, menù, barre di navigazione, è ottimo se usato in collaborazione con M. Dreamweaver per la creazione di siti e portali. È possibile creare immagini singole, pubblicazioni complete da utilizzare principalmente per la pubblicazione multimediale on-line e off-line, ma anche editoriale. Particolarità importante di Fireworks è la possibilità di gestire in un ambiente intuitivo grafica raster e grafica vettoriale allo stesso tempo.

Questo Software offre ai suoi utenti tutti gli strumenti per creare e anche gestire colori ed effetti paragonabili a quelli dei migliori editor grafici come Photoshop, con il vantaggio di usare un solo programma per entrambi i tipi di grafica, senza dover per forza lavorare su più piattaforme.

A tutti gli oggetti creati si possono applicare con flessibilità e reversibilità gli effetti bitmap, come luci e ombre, e i filtri di Photoshop. La grande compatibilità con tutti gli altri programmi di grafica come Freehand, Photoshop, Illustrator e Corel Draw, permettono a tale sistema una veloce, pratica e facile applicazione.

SEGRETO n. 5: Se non avete i programmi scaricate quelli Freeware, ma se volete fare questo mestiere dovrete in seguito acquistare quelli professionali con la licenza.

CONSIGLIO:

Questo è il momento di cercare tutte le versioni ONLINE trial o freeware.

SCARICALE.

Esercitati con le guide e i vari supporti online.

www.**programmi**free.com;

www.simplepc.it;

RIEPILOGO DEL GIORNO 2:

Bravi, siete arrivati alla fine del SECONDO GIORNO. Ora sapete che lavorare con le immagini non è facile e che bisogna sceglierle con cura.

Ricordate prima di procedere di fare attenzione ai seguenti segreti:

- **SEGRETO n. 1:** Prima di tutto cercate tante foto e analizzatele, che formato sono? Sono adatte al web? Devo convertirle in jpg o gif?
- **SEGRETO n. 2:** Apritele in Photoshop qual è la risoluzione? L'immagine è sgranata? Sicuramente bisogna aumentare la risoluzione, regolare l'illuminazione, i canali ecc.
- **SEGRETO n. 3:** Fate continue prove finché l'immagine non sarà perfetta alla vista, ma fate attenzione alla dimensione in Kb.
- **SEGRETO n. 4:** In Photoshop la funzione salva immagine per Web vi aiuterà molto;
- **SEGRETO n. 5:** Se non avete i programmi scaricate quelli Freeware, ma se volete fare questo mestiere, dovrete in seguito acquistare quelli professionali con la licenza.

GIORNO 3
LA PROGETTAZIONE GRAFICA DEI SITI REALI

L'information interaction design

Internet fino a poco meno di venti anni fa costituiva per lo più uno strumento militare e un costoso giocattolo a disposizione di una ristretta schiera di studiosi, interessati in gran parte a smontarne i meccanismi ed esplorarne le possibilità. Oggi sono oltre 250 milioni di persone che all'inizio del terzo millennio utilizzano la Rete.

Grazie alla diffusione dell'ADSL Internet più rapidamente e con più sicurezza di quanto accadeva con i precedenti strumenti di comunicazione si è inserito nelle case degli italiani e del mondo intero.

L'interattività si riferisce all'uso dei mass media, e misura la capacità potenziale di un media di permettere all'utente di agire in un certo modo sul contenuto e sulla forma della comunicazione mediata.

E' interessante notare come quasi tutte le forme di interattività finora descritte possano essere create o indirizzate da un unico tipo di processo. Questo processo può essere utilizzato per realizzare un cd-rom, un sito Internet, un gioco, ma talora potrebbe essere esteso anche a uno spettacolo teatrale, un evento musicale, insomma a forme di comunicazione che in qualche modo prevedano la presenza del fruitore.

Questo processo viene chiamato **"Information Interaction Design"** e si compone di tre differenti discipline: l'information design, l'interaction design, il sensorial design.

Tutti i dati vengono organizzati in informazioni e per farlo occorre capire in che modo essi sono organizzati. Il modo in cui le cose sono aggregate, influenza il modo in cui le percepiamo e le etichettiamo, e quindi le comprendiamo. Le opportunità di organizzare un'informazione possono essere molteplici, la scelta della modalità organizzativa dell'informazione è importante per determinare l'efficacia di un sito web.

I dati possono essere organizzati secondo quest'ordine:

- **per ordine alfabetico**
- **per collocazione spaziale**
- **per ordine cronologico**
- **per ordine numerico**
- **per categorie**
- **per ordine di grado**
- **casuale**

Un altro strumento di unione dei dati in modo significativo è la metafora. Un esempio classico è la metafora della "scrivania", utilizzata dalle interfacce grafiche dei sistemi operative dei computer.

Per funzionare qualsiasi metafora deve ricollegarsi ad un'esperienza comune vissuta dalle persone. Per questo l'interfaccia che simula una scrivania è efficace perché tutti gli utenti che usano i computer hanno familiarità con le scrivanie e gli oggetti d'uso in un ufficio (raccoglitori, cestini per la carta straccia blocchi per appunti ecc).

L'interattività è l'elemento principale che identifica l'informazione veicolata attraverso i computer.

Il livello di interattività di un media dipende dalla qualità e del controllo che l'utente può avere sugli strumenti, sul ritmo di presentazione dell'informazione e sul contenuto stesso dell'informazione.

L'obiettivo di chi produce un messaggio è innanzitutto comunicare in modo efficace, quindi l'esperienza prodotta deve essere funzionale a ciò. Gli strumenti utilizzati quali: suoni, luci, testi immagini movimenti, devono dunque essere coordinati tra loro e in funzione degli obiettivi comunicativi del progetto.

La progettazione grafica applicata al web

Per costruire un buon sito web bisogna che esso presenti: contenuti interessanti, un'architettura flessibile, uno schema di navigazione accessibile ed efficace, e infine è necessario avere una discreta conoscenza dell' HTML e dei linguaggi di programmazione.

Il momento più importante della progettazione di un sito web è l'organizzazione delle informazioni. Al fine di considerare accuratamente ciò che si desidera dire nel modo in cui si vorrebbe farlo, è fondamentale conoscere profondamente il contenuto del proprio sito. Prima di passare alla realizzazione del sito e delle pagine, vi consiglio di creare prospetti e suddividere le informazioni in sezioni e sottosezioni, facendo attenzione a stabilire bene le relazioni che le pagine devono avere fra di loro.

Dovete avere le idee chiare su come ogni sezione del sito deve essere collegata ad un'altra, se tutto ciò viene a mancare, i vostri utenti se ne accorgeranno ben presto e la maggior parte di essi andrà a cercare materiali migliori.

VEDIAMO 4 STRUTTURE ESSENZIALI A CUI POTETE AFFIDARVI PER REALIZZARE IL VOSTRO PROGETTO WEB

- **UTILIZZATE LE SEQUENZE:** In questo caso l'ordine delle informazioni può essere cronologico oppure alfabetico come nelle enciclopedie. Questo è il metodo più semplice per organizzare le vostre informazioni e metterle in sequenza. Questo tipo di struttura è adatta per tutti i siti nei quali il lettore, deve percorrere una sequenza fissa di informazioni ed i collegamenti costituiscono un percorso lineare.

- **UTILIZZATE LE GRIGLIE:** le griglie sono buon metodo collegare informazioni cronologiche e storiche, in diversi campi per esempio scienza, cultura, storia, arte, ecc… Gli oggetti di una griglia devono condividere una struttura uniforme di argomenti e sottoargomenti e il pubblico deve essere in grado si comprendere la natura della struttura generale.

La struttura a griglie può essere difficile da seguire perché gli utenti meno esperti possono non riconoscere le relazioni tra le categorie e le informazioni; per questo motivo sono più adatte a un'utenza esperta con una certa comprensione dell'argomento trattato e della sua organizzazione logica.

- **UTILIZZATE LE GERARCHIE:** questa struttura generalmente è usata nella costruzione di siti abbastanza complessi. I diagrammi gerarchici sono molto utilizzati nella vita aziendale e istituzionale, quindi per la gran parte degli utenti questa struttura è di facile comprensione.

Molti siti web sono organizzati su un'unica home page, e gli schemi gerarchici sono particolarmente adatti a tale organizzazione. Attenzione però, perché le gerarchie sono pratiche solo con materiali ben organizzati, e questo richiede un'approfondita organizzazione analitica delle informazioni da proporre.

UTILIZZATE RETICOLATI: questa struttura sfrutta al massimo la potenza di collegamento e associazione web, ma certe volte la struttura a reticolato può indurre in confusione l'utente meno esperto.

Nei siti che adottano queste costruzioni l'obiettivo è ricalcare le orme del pensiero umano. Ogni utente segue un proprio iter associativo delle idee, il sito da creare deve tener conto quindi di come pensa l'utente.

Le strutture a reticolato sono adatte a siti di piccole dimensioni basati su elenchi di collegamenti.

Il grafico, nel momento della progettazione del sito web potrà scegliere di usare uno dei quattro modelli informativi descritti, ma potrà anche creare un modello che condivida alcuni aspetti di tutti e quattro i tipi di struttura.

L'home page

La maggior parte dei siti web sono organizzati attorno ad una home page che rappresenta la pagina d'ingresso di tutto il sistema di pagine web. L'home page inoltre è la pagina più visitata di ogni sito web e su questa pagina si basa la prima impressione dei vostri utenti. Se i vostri utenti avranno un'impressione negativa, difficilmente continueranno la navigazione delle vostre pagine web.

L'home page grazie alla forte visibilità è il posto migliore per inserire un menù di collegamenti o un sommario del sito. La parte migliore dove inserire questi elementi è sicuramente la zona superiore della pagina chiamata TOP, questo perché la maggior parte degli utenti visualizzerà il sito su un monitor con dimensioni da 14 a 17 pollici.

La parte Top è quella sicuramente più visibile e qui il numero di collegamenti deve essere massimo.

L'home page richiede una progettazione accurata considerando anche che non deve subire grosse variazioni una volta che il sito è ONLINE perché gli utenti resterebbero disorientati. Questo vale per la parte strutturale naturalmente ma non per i contenuti che devono variare in continuazione per mantenere alta l'attenzione dei visitatori.

Le pagine del vostro sito web

Un sito web non è fatto solo dell'home page ma bisogna progettare anche le pagine interne del sito. Queste sono di vitale importanza non meno della pagina principale, bisogna solo stare attenti ad alcuni accorgimenti come: la lunghezza e i contenuti.

- **Non create una pagina troppo piena di testo**: una pagina web non deve mai essere troppo lunga, altrimenti l'utente non riuscirà a visualizzarla interamente sullo schermo e sarà costretto a scorrerla verticalmente. Lo scorrimento verticale può causare la perdita di testo da parte dell'utente e anche l'abbandono immediato del sito perché tanto testo può spaventare l'utente. Se si vogliono progettare pagine lunghe bisogna inserire pulsanti tipo "Torna Su" inserendolo più volte ai lati della pagina; così facendo l'utente non dovrà mai scorrere più di metà schermo per trovare un pulsante di navigazione che lo riporti all'inizio della pagina.

- **Il testo deve essere progettato** : il testo è essenziale. Deve essere scritto bene , deve contenere: titolo, autore, affiliazione istituzionale, data di revisione, informazioni di copyright e collegamento alla home page. Il copywriter deve fare un lavoro preciso e senza sbavature, non deve eccedere in ridondanze ingiustificate, ma essere concreto e sintetico. La vostra pagina web non è un libro, la scrittura deve sempre essere schematica e intervallata da spazi, rientri a capo. Mai utilizzare uno schema chiuso a pacchetto e lungo infinitamente.

Pensate ad una pagina di giornale, in realtà i due mezzi si avvicinano molto. Bisogna catalogare, inserire molte immagini per tagliare il testo, collegamenti e assicurarsi di includere le informazioni necessarie per determinarne la fonte.

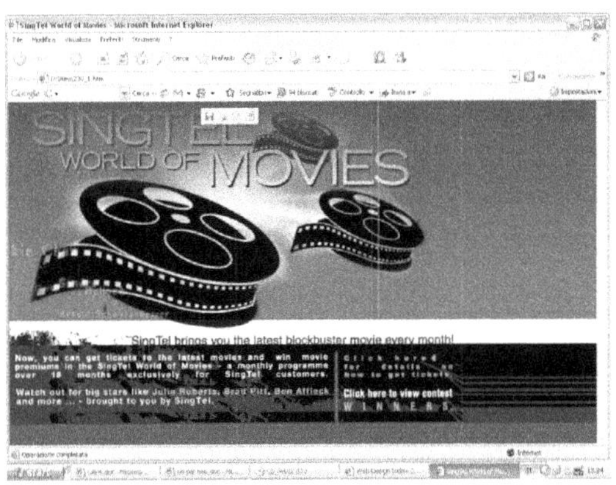

Esempi di Siti Web 1

L' ideazione di un sito web come abbiamo ripetuto più volte parte dalla progettazione dell'architettura per poi dedicarsi alla grafica. Una buona progettazione grafica deve essere razionale, creare ritmo visivo, donare il giusto equilibrio a testo e immagini.

Quello che ci serve è un forte impatto visivo. Forma, sostanza e contenti. Le pagine devono contenere colore e contrasto, questo farà sì che non diventino noiose. Quindi l'obiettivo principale della progettazione grafica è creare n messaggio visivo forte e coerente, nella quale gli elementi importanti vengono sottolineati ed il contenuto è organizzato in modo logico e prevedibile.

Esempio: una pagina piena di testo respinge l'utente, perché l'occhio umano non riesce a percepire bene a video quella enorme massa di parole.

Lo stesso vale per una pagina che contiene troppi elementi grafici molto pesanti e lasciati al caso. Siate sicuri che l'utente cambierà sito in pochi istanti. Ormai il web ha una sua logica da seguire, datevi uno sguardo intorno, vedete qualche sito scadente o brutto visivamente? Penso di no, se rimanete su certi livelli naturalmente. Quindi se state progettando un sito web per lavoro o comunque un sito di una certa importanza, cominciate a studiare bene gli altri siti simili che ci sono sul web e vedrete che riuscirete a creare una grafica in linea con gli altri e soprattutto pulita.

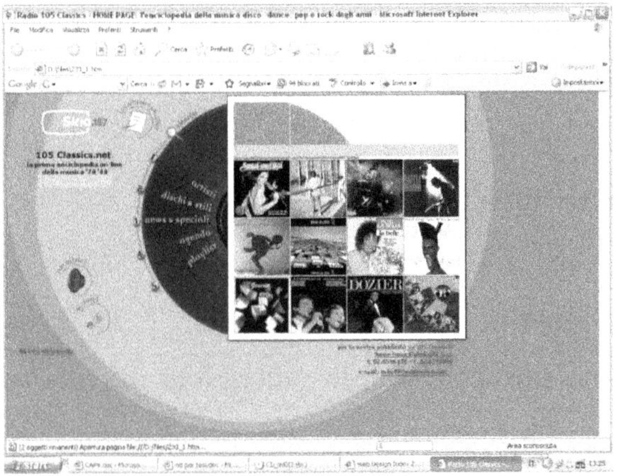

Esempi di Siti Web 2

Il giusto equilibrio tra testo e collegamenti è l'unica soluzione.

La coerenza e la razionalità delle vostre azioni determineranno il vostro successo. Quando avete definito la struttura, il layout grafico e lo stile di gestione del testo e delle immagini, dovete applicarlo a tutte le pagine del sito per creare ritmo e unità.

La coerenza del sito consentirà agli utenti di adattarsi rapidamente e di prevedere con sicurezza la posizione delle informazioni.

SEGRETO n. 1: La grafica applicata al web è diversa da quella stampata, dovrete essere chiari, semplici e attirare subito l'attenzione.

La figura del Web Designer

Il **web designer** si occupa dell'ideazione e della costruzione grafica di un sito web. Con lo sviluppo di internet necessaria questa figura professionale è diventata necessaria. Il grafico è un vero e proprio artista che mette la sua creatività al servizio dei clienti per realizzare prodotti soddisfacenti.

Il **web designer** è un professionista dotato di senso estetico e creatività, che conosce l'HTML ma anche le raccomandazioni e degli standard del W3C di cui parleremo in seguito. I designer industriali di solito convogliano le loro capacità nella realizzazione di oggetti destinati al consumo da parte del maggior numero possibile di clienti o utenti.

Il dovere del web designer è di dare un aspetto gradevole e attraente alla comunicazione del committente. Il lavoro che svolge non può essere fine a se stesso, bisogna fare in modo che la comunicazione del committente sia fruibile dal maggior numero possibile di utenti. I clienti di solito anche se diversi hanno esigenze specifiche, ma il medesimo obiettivo.

In sintesi il web designer è un **comunicatore**, capace di associare le richieste del cliente con quelle degli utenti.

Alcune delle sue caratteristiche principali sono:

1. **capire la tecnologia** da utilizzare, e stabilire le possibilità e i limiti che si possono incontrare nella realizzazione di un sito. Discutere con i clienti e gli altri professionisti impegnati nel progetto;

2. **tradurre le idee in concetti adatti a un sito web**, dando risposta alle esigenze degli utenti e proponendo prove a colori, e test di verifica;

3. **realizzare la struttura e l'albero di navigazione del sito;**

4. **trasformare** gli **elementi di progettazione** e preparare il layout delle pagine del sito utilizzando l'**HTML** e altri **linguaggi di programmazione** (JavaScript e fogli di stile) insieme a sviluppatori e tecnici web;

5. decide lo **stile e il colore delle pagine web**;

6. **scrivere e preparare i contenuti** in modo che risultino ben leggibili e ben strutturati;

7. **Aggiornare ed essere responsabile del mantenimento del sito**, apportando le dovute modifiche grafiche e di codice necessarie.

LA CREAZIONE DI UN SITO/ PORTALE E' UN'OPERAZIONE MOLTO COMPLESSA E QUINDI IL WEB DESIGNER DEVE AVVALERSI DI ALTRE FIGURE PROFESSIONALI.

In tutti gli ambienti di lavoro esistono figure specifiche che si dividono le diverse aree di interesse. Nella costruzione di un Sito Web possiamo distinguere questi professionisti.

- Il **project manager**: è in contatto diretto con il cliente finale con cui stabilisce tutti gli accordi per il progetto di lavoro che si dovrà realizzare. È colui che gestisce tutto il team di professionisti, stabilisce il budget necessario per la realizzazione del progetto, i tempi della realizzazione ed è il responsabile globale del progetto. Se accade qualcosa è lui a subirne tutte le conseguenze.

- Il **gruppo marketing**: si occupa principalmente del piano marketing e analizza il web per scoprire su cosa deve puntare la strategia del sito per avere successo. Ogni sito deve attirare i visitatori, e questo è l'obiettivo primario a cui questo team si dedica giorno e notte. Alcuni esempi per attirare attenzione e pubblicizzare il sito sono: creare partnership, preparare campagne di comunicazione, analizzare il target.

- Il **copywriter sul web**: è un esperto di scrittura sul web, si occupa della redazione dei testi e dei contenuti. Tutti i siti d'informazione hanno bisogno di continui aggiornamenti e l'informazione non può essere lasciata al caso. Questo professionista deve curare bene il linguaggio e adattarlo al target del sito proposto.

- Il **web designer**: ne abbiamo parlato già prima, è il responsabile dell'aspetto grafico del sito. È colui che trasforma le idee in immagini, decide l'architettura, il modello di navigazione e di interfaccia utente. Si occupa di integrare all'interno delle pagine web i testi appropriati in tabelle o livelli e li unisce con elementi grafici per creare una soluzione globale soddisfacente e usabile.

- **Il tecnico multimediale**: è un esperto audio video e si occupa nel caso il progetto lo richieda di inserire file MP3, Flash e Real Media. Molto spesso se non c'è un tecnico audio è il web designer che si occupa di questo settore a meno che non si tratti di inserire situazioni complesse che richiedono conoscenze approfondite ad es. un sito di musica richiede altre competenze che un web designer non può avere.

- **Il programmatore**: si occupa di creare pagine dinamiche in sistemi di linguaggio complessi come asp, php, database ecc. La sua presenza è indispensabile, senza di lui il sito è inutilizzabile. Potete creare un bellissimo sito ma se non sapete programmarlo è come n motore senza benzina. Non si va da nessuna parte!

SEGRETO n. 2: Il Web Designer è un esperto del web, ma deve conoscere bene tutto ciò che riguarda le regole di percezione dell'utente, perché il suo scopo è di attirare la sua attenzione.

I software professionali per il Web

Il lavoro del web designer richiede, oltre a una più che buona cultura grafica, una grande creatività e curiosità. Bisogna leggere molto, informarsi e seguire tutte le iniziative possibili e che possono essere inerenti alla comunicazione.

Ovviamente, bisogna avere anche una buona "cassetta degli attrezzi" e conoscere bene tutti i "ferri del mestiere" che contiene. I "ferri del mestiere" sono, nel caso del Web Designer i software.

Un progetto deve essere forte perché ben pensato e studiato, il software è solo un mezzo, attraverso il quale puoi realizzare il tuo progetto. Fortunatamente i software oggi disposizione sono moltissimi, e interagiscono tutti abbastanza bene tra di loro.

SEGRETO n. 3: Non fate un sito bello ma inutile, cercate di progettarne uno funzionale ed esteticamente corretto.

SEGRETO n. 4: Il cliente all'inizio è attratto dalla grafica, ma dopo un po' comincerà a chiedervi la funzionalità.

SEGRETO n. 5: A volte dovrete lottare per far capire a chi avete di fronte quello che avete creato, non spaventatevi.

I software utilizzati dal web designer possono essere divisi in quattro categorie principali:

1. Programmi di grafica tipo Photoshop;
2. Editor HTML tipo Dreamweaver;
3. Programmi specializzati in applicazione di effetti particolari a testo e immagini (come animazioni e 3D)
4. Browser per visualizzare il lavoro finale;

I programmi di grafica più usati sono:

1 Adobe Photoshop per la gestione delle immagini bitmap;
2 Macromedia FreeHand e Adobe Illustrator per la gestione delle immagini vettoriali;
3 Macromedia Fireworks per la gestione di entrambi i formati;

Ma che cosa sono **gli editor HTML**?
esistono due tipi di software che permettono di scrivere il codice html:

Gli Editor testuali: sono software che permettono di effettuare al codice HTML e permettono di vedere di l' anteprima del risultato. Il difetto maggiore è nell'apprendimento più difficile rispetto agli editor WYSIWYG.

Gli Editor What You See Is What You Get (WYSIWYG): ciò che vedi sullo schermo è ciò che ottieni nel browser Web. Sono facili da usare, grazie all'uso di comandi preconfezionati attivabili con semplici click. Permettono anche a chi non conosce il codice di poter realizzare un Sito Web. Con questi editor si lavora sul codice ma sugli oggetti, sulle immagini e sul testo.

Il vantaggio di questo software è sicuramente il minimo sforzo di comprensione delle specifiche HTML che è ridotto al minimo e il tempo di apprendimento è brevissimo. Il più usato dei software di questo genere è Adobe Dreamweaver.

Adobe Dreamweaver

È un programma per la realizzazione di pagine web. Prodotto da Macromedia (dal 2005 società di proprietà di Adobe Systems) è tra i programmi più utilizzati per realizzare siti web.

Questo programma specialistico ha rappresentato una grande novità nel panorama dei software per la realizzazione di pagine per il Word Wide Web. Dreamweaver è un editor HTML visuale, nel quale l'aspetto del documento che si realizza appare identico (o quanto più simile) alla sua visualizzazione nei browser.

Attraverso di esso è naturale realizzare frame, tabelle, menù grafici e altro, correggere le pagine passando agevolmente dal documento al codice corrispondente.

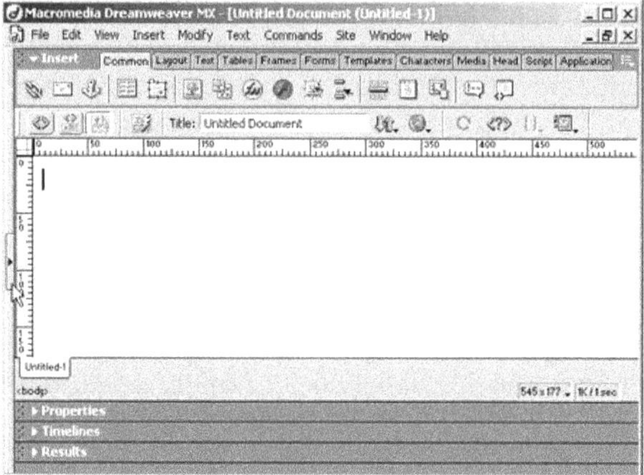

Figura 7 Macromedia Dreamweaver

Inoltre da la possibilità di realizzare oggetti e pagine basate sull'HTML dinamico, e grazie ai "comportamenti speciali" e realizzati in Javascript si possono dotare le pagine di effetti spettacolari.

Adobe Dreamweaver permette di gestire completamente un sito, sincronizzando i file tra la versione locale e quella remota e grazie all'FTP integrato dà la possibilità di pubblicare direttamente i propri lavori sul Web.

Il programma è del tipo (WYSIWYG), infatti con esso si possono fare pagine web, scrivendo semplicemente del testo, inserendo immagini e collegamenti ipertestuali, senza dover per forza conoscere l'html.

Inoltre è utile anche per i programmatori che preferiscono scrivere il codice da se, infatti, il software aiuta nella scrittura del codice, dando suggerimenti mentre si scrivono dei tag o attributi (scrivendo le prime due lettere di un tag o attributo, verrà automaticamente una lista di tag o attributi che è possibile scegliere e Dreamweaver lo scriverà automaticamente quando premeremo invio).

Bisogna ricordare che permette la gestione dei fogli di stile CSS, utilissimi per la formattazione dei siti web.

Adobe Flash

Prima di proprietà della Macromedia, oggi di Adobe, è un software per uso prevalentemente grafico che consente di creare animazioni vettoriali principalmente per il web. Viene utilizzato, inoltre, per creare giochi o interi siti web e grazie all'evoluzione delle ultime versioni è divenuto un potente strumento per la creazione di Rich Internet Application e piattaforme di streaming audio/video.

Questo straordinario software permette di creare animazioni complesse e multimediali, grazie al linguaggio di scripting interno, Action Script, che permette di controllare gli oggetti nei filmati Flash e creare così elementi di navigazione interattivi. È possibile configurare un filmato in modo che gli eventi causati dall'utente, quali la selezione dei pulsanti o la pressione di tasti, attivino gli script che comunicano al filmato l'azione da eseguire.

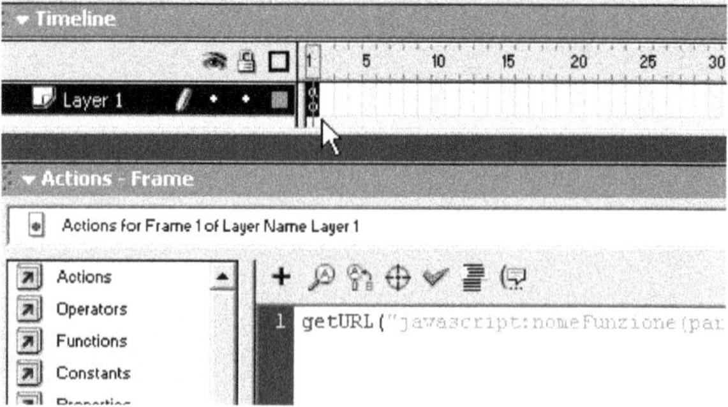

Figura 8 La timeline e il pannello di controllo azioni di Flash

Flash permette di inserire nei sui filmati:

- forme vettoriali;
- testo (sia statico sia dinamico) e caselle di input per il testo;
- immagini raster, (Bitmap, GIF, Jpeg, PNG, TIFF e altri formati) sotto forma di oggetto bitmap;
- audio (MP3, WAV e altri), sia in streaming che per effetti sonori;
- video (AVI, QuickTime, MPEG, Windows Media Video, FLV);
- altre animazioni create con Flash, (solo tramite ActionScript).

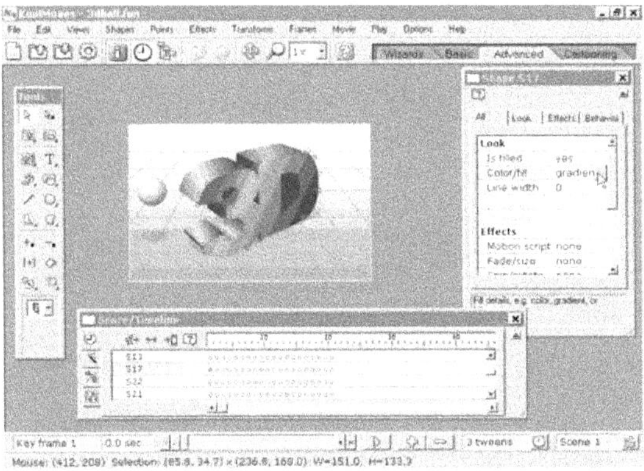

Figura 9 Un effetto 3D

Il vantaggio più grande è dato dalla possibilità di mantenere simboli riutilizzabili in una **libreria**, che cataloga simboli grafici, immagini, interpolazioni ecc.

Esistono diverse tipologie di simboli, fra i quali semplici oggetti grafici, clip filmato (sotto-animazioni con una time line propria e indipendente da quella principale), pulsanti, oggetti bitmap ecc.

Questa caratteristica è molto importante, in quanto permette di:

- facilitare il lavoro del grafico, che può modificare tutte le istanze presenti nell'animazione modificando il simbolo nella libreria.
- ridurre le dimensioni del file SWF prodotto.
- creare comportamenti interattivi complessi applicando del codice agli oggetti.

Nel mondo Internet, il formato Flash (estensione .swf) rappresenta ormai uno standard per la creazione di siti web con contenuti animati ed interattivi.

Oggi quasi tutti i browser supportano questo formato che consente la visione appunto di animazioni grafiche così come la visione in streaming o in progressive downloading di filmati video.

Quick time

Creata nel 1991, è una tecnologia supportata sia da Mac che da PC e attualmente molto diffusa per le sue qualità di compatibilità e compressione (file "leggeri" e "limitato" tempo di download). Quick Time è una tecnologia Apple per contenuti di tipo audiovisivo.
Le funzionalità di streaming presenti da Quick Time 2.5 in poi, hanno reso questo formato competitivo con Real (il cui vantaggio resta comunque uno streaming migliore).

Real Audio/Video

Un'altra tecnologia di compressione e trasmissione di materiali audiovisivi è Real Audio che è stata la prima tecnologia veramente diffusa ed efficace per trasmettere voce e musica via web, consentendo la nascita delle prime web radio.

Real Player come il player di QuickTime è un software distribuito freeware che permette di ascoltare musica e radio sul web. Oggiun altro software molto importante che ha superato Rela Player è il Windows Media Player che alla sa versione 11 è arrivato a livelli eccezionali.

Shockwave

Shockwave è un'altra tecnologia nata prima di Flash, è un plug-in in grado di interpretare anche tutti i formati delle altre applicazioni grafiche e multimediali della Macromedia, e può ricevere suono in tempo reale da Internet.

Il mondo del 3D

Un altro modo per creare animazioni per il web e per costruire siti di successo è l'uso di software per il 3d.

Il più conosciuto è sicuramente 3d studio max che prevede diversi metodi di creazione delle animazioni. Con questo software si possono creare oggetti tridimensionali molto complessi e dare loro un'animazione. Attraverso di esso potrete poi esportare l'animazione nei formati più disparati: .swf, .mov, .avi, e molti altri.

Gli svantaggi principali sono:

- è abbastanza difficile da usare;
- è disponibile solo per PC.

Il **Browser** o client web è il software di cui necessitano gli utenti per accedere a Internet e al mondo del WWW. Senza di esso nessuno di noi potrebbe collegarsi a internet. Costituisce la pagina di accesso principale ai siti e viene continuamente rinnovato di versione in versione.

I browser web sono diversi da PC a Mac. Comunque tutti i browser grafici si basano sul click del mouse per interagire con le informazioni.

Tutti i Browser hanno bisogno dei il plug-in, dei piccoli software aggiuntivi che permettono la visione di alcune informazioni.

I plug-in sono multibrowser, cioè funzionano con vari tipi di browser, e sono multipiattaforma, cioè funzionano sia su Mac che su PC, sono aggiornabili e possono essere più di uno nello stesso computer.

CONSIGLIO:

Questo è il momento di cercare tutte le versioni ONLINE trial o free. Scaricale ed esercitati con le guide e i vari supporti online

www.adobe.it

RIEPILOGO DEL GIORNO 3:

Bravi, siete arrivati alla fine del TERZO GIORNO. Siete entrati nell'ottica della grafica applicata al web. Ora, potete andare avanti ma prima assicuratevi di aver capito tutto.

Ricordate prima di procedere di fare attenzione ai seguenti segreti:

- **SEGRETO n. 1:** La grafica applicata al web è diversa da quella stampata, dovrete essere chiari, semplici e attirare subito l'attenzione.
- **SEGRETO n. 2:** Il Web Designer è un esperto del web, ma deve conoscere bene tutto ciò che riguarda le regole di percezione dell'utente, perché il suo scopo è attirare la sua attenzione.
- **SEGRETO n. 3:** Non fate un sito bello ma inutile, cercate di progettarne uno funzionale ed esteticamente corretto.
- **SEGRETO n. 4:** Il cliente all'inizio è attratto dalla grafica, ma dopo un po' comincerà a chiedervi la funzionalità.
- **SEGRETO n. 5:** A volte dovrete lottare per far capire a chi avete di fronte quello che avete creato, non spaventatevi cercate di giustificare le vostre azioni dimostrando che seguono un fine specifico che porterà solo vantaggi.

GIORNO 4
IL PROCESSO DELLO SVILUPPO DI UN SITO INTERNET: IL PIANO D'AZIONE

Creare un buon sito web non significa che dovete per forza di cose essere dei grafici professionisti, ma non dovete nemmeno improvvisarvi tali. Questo significa che se avete veramente intenzione di incominciare a imparare questo mestiere anche solo per uso personale dovete, comunque, metterci tutto il vostro impegno e la voglia di raggiungere il vostro obiettivo.

La chiave per creare un sito Web a regola d'arte sta nella preparazione e nella progettazione, l'improvvisazione non è consigliabile, potreste arenarvi, e per questo è sempre meglio sedersi a tavolino e pianificare il sito.

Il modo migliore per cominciare è delineare su un foglio di carta alcuni schizzi delle vostre pagine. Così facendo avrete più chiaro quanti e quali tasti, barre del menù e altri vari oggetti grafici dovete creare. Se pensate che il sito conterrà molte pagine, vi consiglio di creare un diagramma con delle cartelle e delle linee in modo da stabilire bene tutti i collegamenti tra le pagine.

Studiateli bene e se vi accorgete che i link sono troppi, oppure che si crea troppo caos eliminate qualcosa. Ricordate che il sito deve essere semplice e chiaro, e rispettare tutte le caratteristiche di usabilità (di questo, ne parleremo più avanti).

Vi consiglio di sistemare tutti i file del vostro sito in una cartella ordinata per sottocartelle, per non perdere i file e nello stesso tempo "perdere la testa" nel tentativo di trovarli.

ECCO COME DEVI FARE PER INIZIARE

STEP 1

Crea una nuova cartella sul tuo desktop e chiamala progetto sito

"AZIENDA X"

e al suo interno crea tante sottocartelle quante sono le pagine che vuoi inserire.

Devi creare una struttura gerarchica.

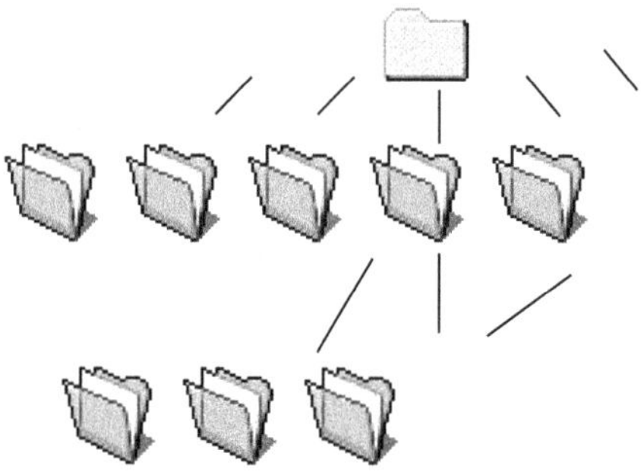

Sotto puoi vedere nell'immagine uno schema di una struttura di un sito web. Servirà per farti un'idea su quello che andremo a creare.

L'importante è che tu capisca che la pianificazione è importantissima in questo processo lavorativo.

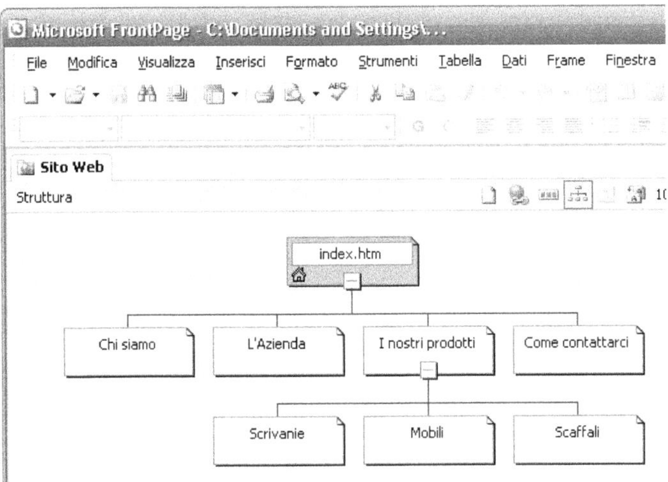

Lo sviluppo di un sito web è molto più complicato di quanto si possa pensare, ma con una buona pianificazione del flusso di lavoro possiamo semplificarci molto la vita.

La grafica è solo l'ultima fase del lavoro del web designer. Non esiste una legge scritta su come sia meglio sviluppare il progetto di un sito, ma orientativamente possiamo individuare nel percorso di produzione diverse fasi.

Cerchiamo di analizzarle insieme:

1. La fase iniziale della raccolta delle informazioni e dell'individuazione degli obiettivi del sito.

2. La strategia grafica e l'organizzazione dell'albero di navigazione.

3. Realizzazione del sito e il lancio.

4. Verifica e pubblicazione del sito.

5. Il controllo della qualità e l'aggiornamento continuo.

Vediamo ore nello specifico i vari passaggi.

SEGRETO n. 1: Raccogliete tutto il materiale necessario per creare il sito e createvi un archivio sia on line sia cartaceo.

La fase della raccolta di informazioni e degli obiettivi del sito

Troppo spesso si affrontano progetti internet senza un corretto metodo di lavoro, troppo spesso si continuano a vedere prodotti Internet non all'altezza, incapaci di trasformare le esigenze di un cliente in una vera opportunità.

In questi anni si è parlato spesso e giustamente dell'importanza del capitale umano nelle aziende della new-economy. Non dare delle regole, non formalizzare un processo, oltre che a tradire spesso la qualità dei prodotti realizzati, rende profondamente insoddisfatte proprio quelle stesse persone che dovremmo custodire gelosamente.

È fondamentale non solo rendere l'ambiente in cui si lavora stimolante e privo di antiquati e castranti formalismi, ma anche il loro modo di lavorare più produttivo, collaborativo ed efficace.

Il processo di costruzione di un sito web si articola in sei fasi

Vediamole ora di seguito.

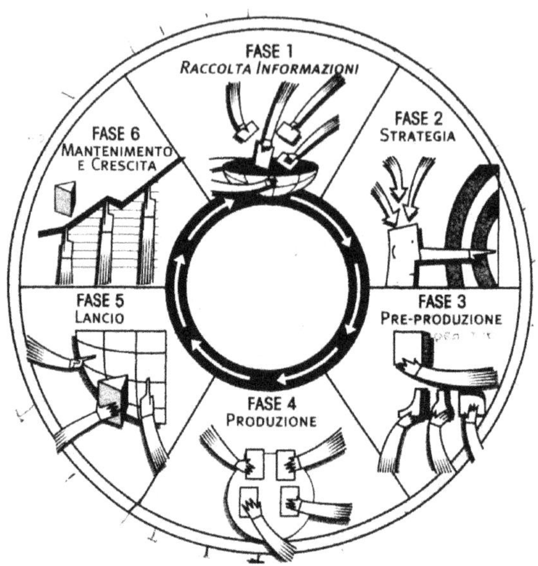

La prima fase è la raccolta delle informazioni di base necessarie all'avvio del progetto, e consiste in queste informazioni:

- cosa si deve sapere dei risultati attesi e della missione primaria del committente;

- quali sono i target di pubblico attesi e da ricercare e quali risorse abbiamo per raggiungere gli scopi che abbiamo individuato;

lo sviluppo di una buona strategia prevede che si disponga di una serie di informazioni: sul mercato, sul prodotto, sul target di riferimento, sulla concorrenza, sulle opinioni, atteggiamenti, comportamenti, obiettivi di crescita, affermazione del brand, affermazione del prodotto, divulgazione di informazioni e servizi. È fondamentale inoltre capire con chiarezza quali sono per il cliente i modelli di business e le strategie previste per il loro prodotto.

Tutte queste informazioni verranno raccolte dal Project Manager e dal Marketing Consultant, attraverso una o più interviste con il cliente, e successivamente trasformate in briefing utili per la creazione della strategia. Le interviste tecniche saranno realizzate dall'operatore tecnologico in collaborazione con il Project Manager e hanno l'obiettivo di raccogliere informazioni riguardo tutti gli aspetti strettamente tecnologici del prodotto che si sta realizzando.

È fondamentale conoscere, ad esempio, se il cliente può

usufruire di un'infrastruttura tecnica preesistente o di licenze software .

Un altro dato fondamentale da raccogliere in questa fase è relativo alle previsioni di carico utenti giornalieri, e se sono previsti dei picchi; se ci sono delle funzionalità che possano essere considerate particolarmente critiche per il sistema.

Le interviste tecniche dovranno individuare, inoltre, il bisogno di inserire nel progetto lo sviluppo di un "back end" (ossia un ritorno indietro) per la gestione del sistema o l'introduzione di un pacchetto software commerciale per la gestione del flusso di pubblicazione dei contenuti. Tutte le informazioni raccolte devono essere sintetizzate nel **briefing tecnico** per essere successivamente elaborate ed integrate nel documento tecnico di progetto.

Le interviste creative

Sono importantissime e hanno lo scopo primario di capire se esiste e qual è la strategia di comunicazione del cliente. Servno ad individuare quali sono le possibili variazioni e indicazioni previste per il futuro, come raccogliere tutto il materiale esistente riguardante, immagine coordinata, logo, marchio, advertising e pubblicità o quanto altro è stato prodotto per costruire e comunicare il brand del cliente e la sua offerta.

L'obiettivo principale di questa fase è capire come il cliente parla di se, come si sente e come si vede. Come si percepisce e come pensa e vuole essere percepito.

L'analisi della concorrenza è realizzata da un esperto di marketing sulla base del briefing ottenuto dalle interviste con il cliente.

In seguito verrà fatta anche un'analisi dell'audience ossia di quella parte di target che potrà essere interessato al prodotto del cliente, e si procederà scegliendo un campione.

L'analisi dell'audience deve dare risposte sulle attese del cliente, indicare possibili variazioni, suggerire affinità e divergenze da realtà conosciute al fine di avvicinarsi o allontanarsi da determinati modelli (Ad es. "Il 70% degli intervistati hanno risposto che la determinata caratteristica del sito yyy.com li distrae" ecc).

Da queste ricerche, si elaborano i dati e si realizzano grafici che correlano le risposte e le caratteristiche del campione (es. interesse per una determinata attività/livello tecnologico).

Gli istituti di ricerca come l'ISTAT o le grandi società di consulenza, realizzano approfondite analisi dei mercati e delle esperienze maturate in molte attività diverse.

Studiare queste ricerche di mercato per poterle proporre al cliente e al team di lavoro è un importante plus. Anche la conoscenza di Case History interne o esterne alla propria azienda aiuterà a non commettere gli stessi errori e a stabilire la corretta strategia da adottare.

La fase di raccolta delle informazioni si conclude con la redazione da parte del Project Manager di un documento da presentare al cliente. Questo documento si chiama BRIEF ed è un insieme dei singoli briefing e dei documenti prodotti in ogni singola sotto fase. Consiste nell'ipotesi di progetto atta a verificare con il cliente la coerenza e la correttezza della direzione intrapresa.

Come per ogni documento rilasciato è necessario l'ottenimento di una sua approvazione scritta prima che si possa proseguire alle fasi successive.

SEGRETO n. 2: Non sottovalutate le interviste creative, che se fatte bene vi faranno immediatamente capire su cosa lavorare per non incorrere in problemi.

STEP 2

Raccogliere il materiale necessario

Comincia subito a fare una ricerca in rete sull'argomento che ti interessa e raccogli tutti i dati nella cartella che hai creato. Per comodità puoi anche fare un'altra cartella, dove inserirai solamente i documenti scaricati, cioè quelli da modificare e preparare per le pagine web. Dividi i testi dalle fotografie, dalle tabelle, dai file multimediali che vuoi inserire ecc.

Fai una bella ricerca, non andare di fretta.

Cerca di valutare bene il materiale che hai e organizzalo bene, formattalo attentamente con i programmi di videoscrittura che ritieni più validi, ma fai attenzione che gli stessi siano compatibili con il software html che andrai a usare.

Ad esempio, il programma word non è molto compatibile, io sconsiglio di usarlo ma se non ne potete fare a meno, non inserite troppi elenchi numerati, simboli ecc. perché nella pagina html si comporranno diversamente. In pratica, spesso la formattazione non è mantenuta e vi tocca rifare tutto da capo, per questo potete anche scrivere in wordpad e poi formattare il vostro testo direttamente nel programma html. Userete i fogli di stile che nelle prossime lezioni vi andrò a spiegare.

Se avete testi stampati, potete anche prenderli con lo scanner e con un programma OCR per evitare di doverli riscrivere, basterà che poi li controlliate attentamente e li impaginiate. Alcuni programmi ocr sono inclusi nei software dello scanner altrimenti potete provare le versioni trial sul web come:

text bridge

fine reader

Cercate le fotografie da inserire nel vostro sito. ONLINE ci sono tantissimi siti che offrono foto gratuite, potete usarle sono libere da diritti, oppure se dovete creare un sito davvero importante e volete un'immagine davvero forte ed evocativa potete acquistarne i diritti dai siti dei fotografi pubblicitari come:

ZEFA ICP ECC

http://www.icponline.it/

http://pro.corbis.com

!!! Fate attenzione a non usarle senza pagare i diritti, potreste incorrere in vari problemi.

ALCUNI SITI PER RISORSE ONLINE DA VISITARE

www.gifanimate.it

www.grafichissima.it

www.webgraf.it

www.font.it

www.risorse.net

www.webdesigns.it

SEGRETO n. 3: Stabilite una buona strategia grafica di base del sito e testatelo in continuazione.

STEP 3

La strategia grafica e l'organizzazione dell'albero di navigazione

Un passaggio fondamentale prima della realizzazione vera e propria del sito Web è avere ben chiara in mente e, possibilmente, anche su un pezzo di carta, la struttura generale del sito: tipo di navigazione, numero di pagine, collegamenti interni ed esterni, contenuti sia grafici sia testuali, tecnologie da usare.

In questa fase è molto utile pianificare il nome da assegnare a ogni pagina e a ogni eventuale file multimediale allegato, così risulterà più facile apportare eventuali correzioni o modifiche che non erano state previste all'inizio del lavoro.

Bisogna ora individuare i problemi e le relative soluzioni.

Il momento in cui i dati, le informazioni, le impressioni e gli studi della fase di analisi sono accorpati in un'unica "intenzione" viene chiamato CONCEPT (idea). Sulla base delle ipotesi fatte si incominciano a stabilire alcune cose: il sistema operativo da usare, il database, il linguaggio ecc.

Lo scopo di questa fase è produrre un documento chiamato Interactive Design, che contiene un'analisi accurata di quanto analizzato fino a quel momento e illustra le linee-guida e gli obiettivi strategici da perseguire nella fase di layout.

Le decisioni principali prese in questa fase sono condivise con il Concept Designer, esse consistono in:

1. Definire gli obiettivi;
2. Scegliere la forma dei testi;
3. Disegnare i contenuti;
4. Definire una linea editoriale e definire le fonti;

5. Approvare tutti i contenuti e sottoporli a un accurato controllo.

Dopo aver effettuato tutte queste operazioni si passa alla realizzazione di prototipi che serviranno per la realizzazione dello storyboard completo finale del sito, che dovrà essere una vera e propria copia finale del prodotto che contiene veramente tutto.

Bisogna quindi redigere i testi, correggerli, archiviare le risorse e i dati in un database, lavorare sulle foto e sui filmati ecc. Il sito deve essere poi riempito pagina per pagina e bisognerà tener conto sia delle pagine statiche sia di quelle dinamiche.

Lo storyboard non sarà un vero e proprio layout grafico del sito, ma una definizione chiara dei suoi contenuti e delle diverse priorità di pubblicazione da applicare in produzione.

Esempio di storyboard

Uno storyboard è una sequenza di immagini in miniatura del sito che stiamo andando a creare.

Vi consiglio di prendere carta e penna e disegnare il vostro progetto prima di realizzarlo. Questo vi aiuterà a tenere sempre sotto controllo il vostro sito e a non perdere di vista le istanze più importanti da posizionare all'interno della pagina web.

SEGRETO n. 4: La struttura di navigazione che avete creato è facile per tutti? Cioè c'è qualche utente che potrebbe perdersi nel vostro sito e non trovare l'informazione che cerca?

SEGRETO n. 5: Ricordate, un utente che trova difficoltà a recuperare informazioni è non perderà tempo con Voi. Sul web c'è tantissima concorrenza.

RIEPILOGO DEL GIORNO 4:

Bravi, siete arrivati alla fine del QUARTO GIORNO. Avete visto le varie fasi e i passaggi che servono per creare un sito web.

Ricordate prima di procedere di fare attenzione ai seguenti segreti:

- **SEGRETO n. 1:** Raccogliete tutto il materiale necessario per creare il sito e createvi un archivio sia on line sia cartaceo.
- **SEGRETO n. 2:** Non sottovalutate le interviste creative, che se fatte bene vi faranno immediatamente capire su cosa lavorare per non incorrere in problemi.
- **SEGRETO n. 3:** Stabilite una buona strategia grafica di base del sito e testatelo in continuazione.
- **SEGRETO n. 4:** La struttura di navigazione che avete creato è facile per tutti? Cioè c'è qualche utente che potrebbe perdersi nel vostro sito e non trovare l'informazione che cerca?
- **SEGRETO n. 5:** Ricordate, un utente che trova difficoltà a recuperare informazioni è un'utente che non perde tempo con Voi. Sul web c'è tantissima concorrenza.

GIORNO 5
CREARE IL MINI SITO E METTERLO ON LINE

CREARE UN "MINI SITO" USANDO DREAMWEAVER

Durante la fase di creazione vera e propria, tutto ciò che è stato elaborato va poi realizzato concretamente facendo attenzione a rispettare gli standard qualitativi e gli obiettivi preposti. Il progetto descrive ogni singolo oggetto che deve essere realizzato o propone un modello da riprodurre in serie e da integrare net prodotto web.

La prima cosa da fare quando si inizia a creare il nostro **mini sito** è definire il sito che stiamo creando, per questo dovresti muovervi in questo modo:

- Aprite un nuovo documento in Dreamweaver e salvatelo nella cartella che avete creato sul vostro desktop, poi cliccate sul menù: **Sito > Nuovo Sito** o dal pannello **Sito** la procedura guidata vi porterà a definire il sito;

- impostate come cartella principale del sito quella che avete creato all'inizio.

Ora tutto quello che farete, sarà salvato in quella cartella e successivamente trasferito sul web.

<u>Il primo passo da compiere è dare un nome al sito.</u>
<u>Ad esempio "Sitodiprova"</u>

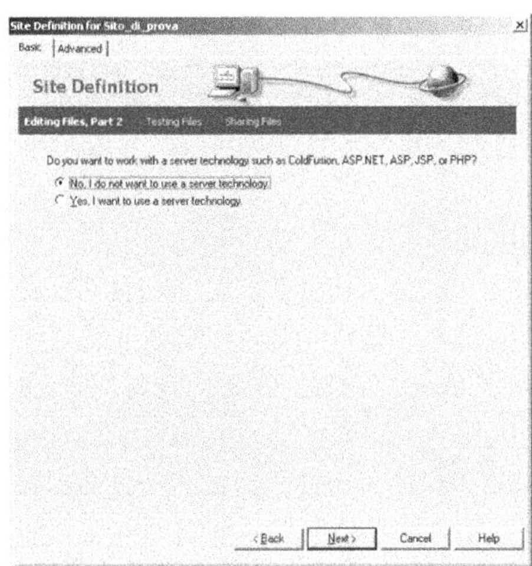

Sotto potete vedere un esempio di un sito completo di collegamenti e sottocollegamenti tra le pagine.

Naturalmente questo è l'esempio di un sito più complesso di quello che dovrete realizzare voi, ma non spaventatevi, l'importante è cominciare a capire il meccanismo e a entrare nell'ottica dell'organizzazione di una struttura del web.

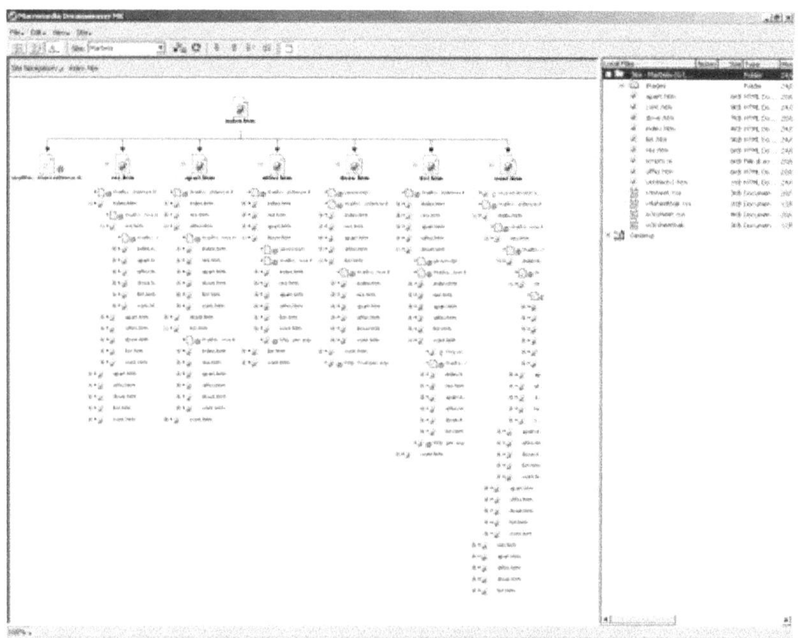

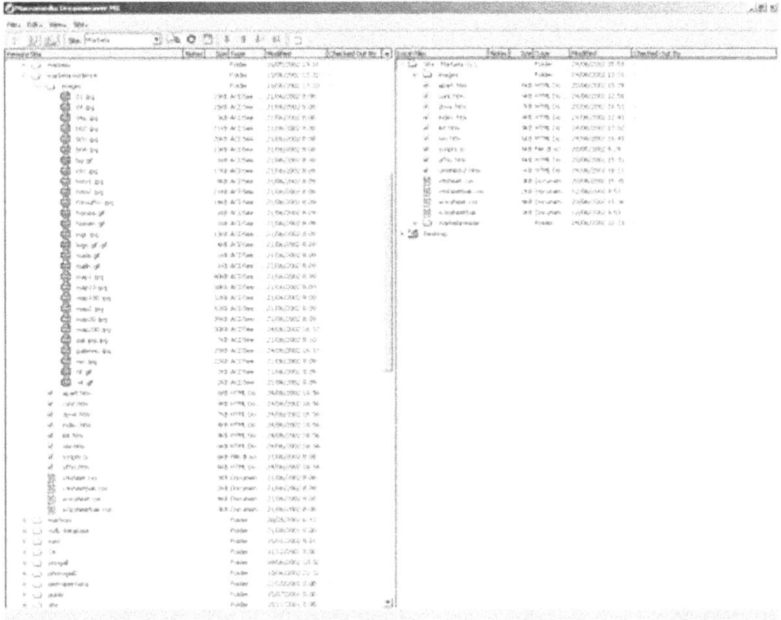

Nella finestra del sito è possibile ordinare i file per data ultima modifica, tipo, dimensione ecc.

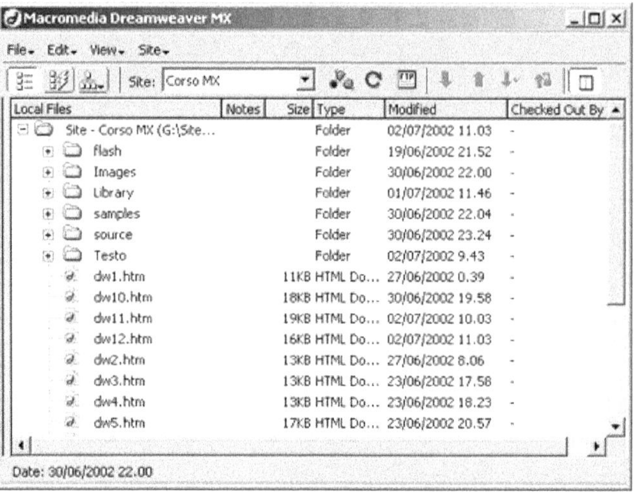

Vediamo che troviamo anche il pulsante di FTP che ci permette di caricare i file sul server online. Esso è importantissimo perché se noi non carichiamo il sito che abbiamo creato sul nostro computer sulla rete non potremo mai vederlo.

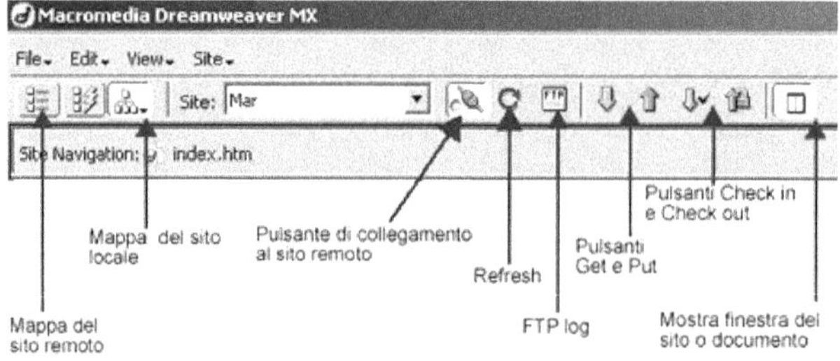

Gli altri pulsanti del pannello **Sito**, che potete aprire dal menù finestra sono:

1. **Aggiorna**: il pulsante di collegamento al sito remoto
2. **Carica File** e **Scarica File**, che servono rispettivamente per downloadare e uploadare i file

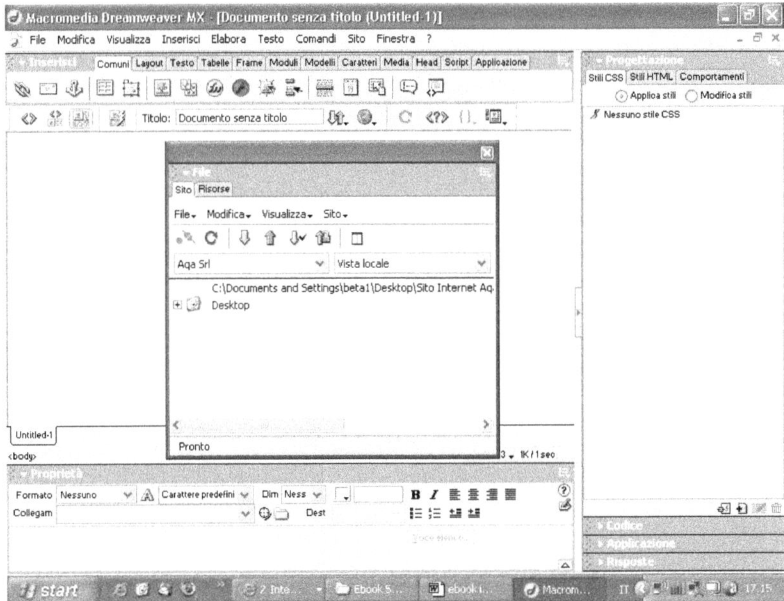

Cominciamo col creare una home page.

- Apriamo una pagina in Dreamweaver e inseriamo il titolo nel campo **Titolo,** impostiamo le proprietà di pagina, il colore di sfondo, i margini ecc. (VEDETE PAGINA SEGUENTE)

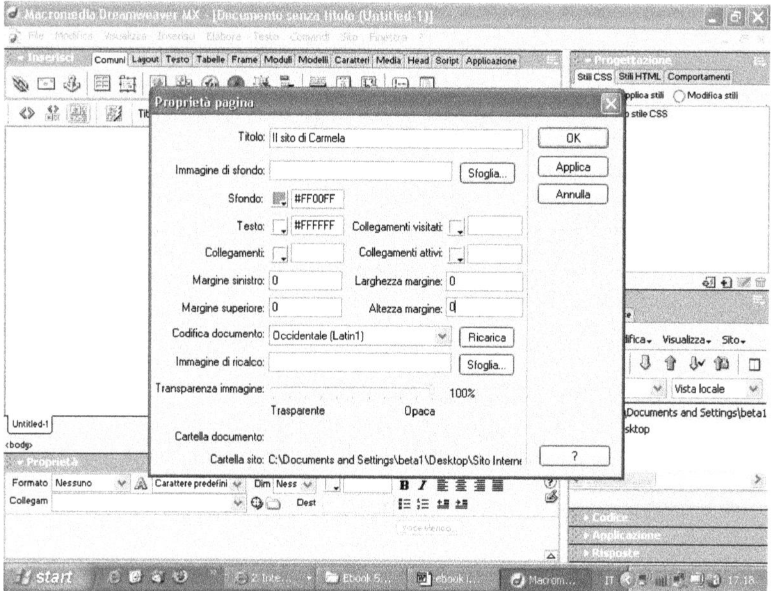

- Salviamo la pagina con il nome index - il nome generalmente utilizzato per la home page - dal menu

File >> Salva

- Cominciamo a inserire la tabella nella pagina stando molto attenti a stabilire sempre la larghezza e l'altezza di ogni tabella e relativa cella per non permettere al programma di scompaginare il tutto. Io consiglio di disegnare la struttura del sito su un foglio e seguirla poi nel programma. In questo modo saprete ogni cella che dimensioni avrà e potrete andare a preparare le immagini conoscendo già le misure;

- Create una tabella che sia larga e alta il 100% della pagina, al suo interno inseritene un'altra con due righe e tre colonne, larga il 50%. Sotto, nel pannello Proprietà, date il colore di sfondo e allineate al centro. Per selezionare la tabella dovete ciccare sui tag HTML sotto a destra, dove c'è scritto <body> <table> <tr> <td> <table>.

Mi sembra giusto quindi darvi delle nozioni base di Html Altrimenti la comprensione sarà difficile.

HTML: Hyper Text Markup Language

Il Tag è un identificatore di un *elemento* del documento HTML,

Es. intestazione, tabella, paragrafo, elenco ecc.

Gli elementi sono gli oggetti costituenti di un documento in formato HTML. La forma di un tag di solito è questa:

<tag name>

Esistono tag che delimitano un certo contesto per i quali devono essere specificati l'inizio e la fine:

<tag name (inizio)> … </tag name (fine)>
< > questi simboli contengono il tag aperto
</> questi simboli contengono il tag chiuso
I tag vanno sempre chiusi

Struttura di un documento HTML.

Il documento inizia con la direttiva DOCTYPE:

<!DOCTYPE HTML PUBLIC "-//W3C//DTD HTML 4.0//EN">

Il resto del documento è racchiuso fra:

<HTML> ...... </HTML>

Questa parte si divide in 2 sezioni:

– Le specifiche di testa:

<HEAD> .... </HEAD>

– Il corpo:

<BODY> .... </BODY>

Formattazione di testo

• Il testo può essere formattato usando i tag:

<B> Bold grassetto

<I> *Italico corsivo*

<TT> Teletype monodimensionale

<BLINK> Testo intermittente

<EM> ***Testo da enfatizzare***

<CITE> ***Citazione***

Principali Tag HTML

•Esistono tag che includono *attributi* :

ad es:

- a sinistra: attributo LEFT
- al centro: attributo CENTER
- a destra: attributo RIGHT
- in alto: attributo TOP
- al centro: attributo MIDDLE
- in basso: attributo BOTTOM

Struttura essenziale di un documento HTML

```
<html>
<head>
<TITLE>A Simple HTML Example</TITLE>
</head>
<body>
<H1>HTML is Easy To Learn</H1>
```

<P>Welcome to the world of HTML.
This is the first paragraph. While short it is still a paragraph!</P>
<P>And this is the second paragraph.</P>
</body>
</html>

Per maggiori informazioni sul web trovate tantissimo materiale sull'HTML. Non spaventatevi piano piano imparerete a capire come intervenire sul codice, nel frattempo il programma farà tutto da solo

- All'interno di ogni cella potrete inserire un'altra tabella con le rispettive colonne e righe come avrete progettato per il sito. Ad esempio a sinistra potrete inserire nella cella una tabella di 8 righe e una colonna per inserire i link delle pagine e così via.

ESEMPIO

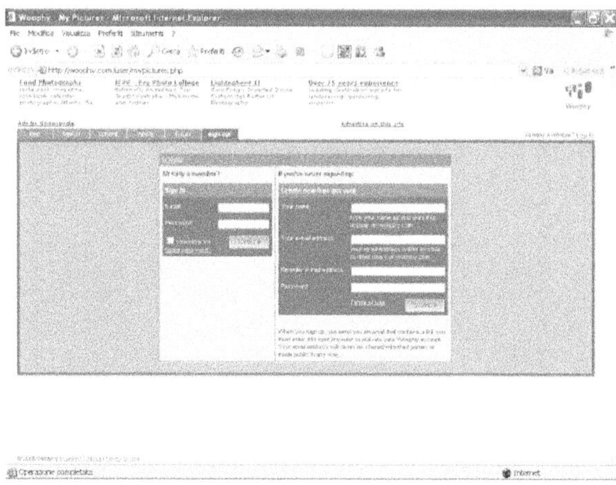

Ora possiamo inserire testi, immagini, video e tutto quello che ci gira per la testa.

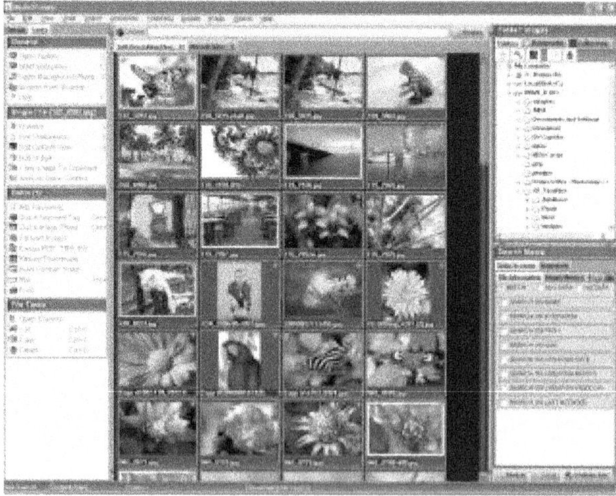

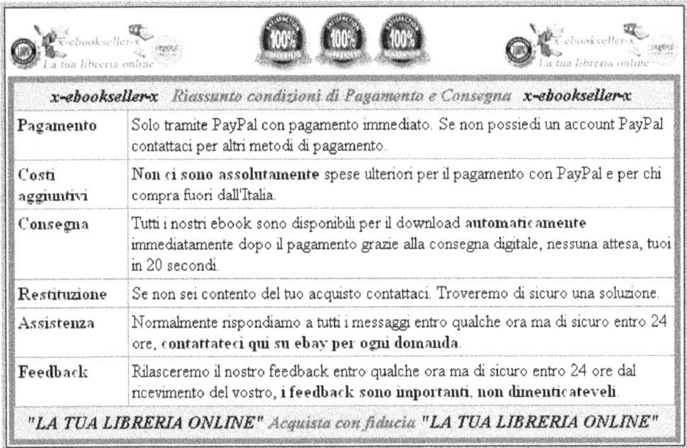

x-ebookseller-x Riassunto condizioni di Pagamento e Consegna x-ebookseller-x	
Pagamento	Solo tramite PayPal con pagamento immediato. Se non possiedi un account PayPal contattaci per altri metodi di pagamento.
Costi aggiuntivi	**Non ci sono assolutamente** spese ulteriori per il pagamento con PayPal e per chi compra fuori dall'Italia.
Consegna	Tutti i nostri ebook sono disponibili per il download **automaticamente** immediatamente dopo il pagamento grazie alla consegna digitale, nessuna attesa, tuoi in 20 secondi.
Restituzione	Se non sei contento del tuo acquisto contattaci. Troveremo di sicuro una soluzione.
Assistenza	Normalmente rispondiamo a tutti i messaggi entro qualche ora ma di sicuro entro 24 ore, **contattateci qui su ebay per ogni domanda.**
Feedback	Rilasceremo il nostro feedback entro qualche ora ma di sicuro entro 24 ore dal ricevimento del vostro, **i feedback sono importanti, non dimenticateveli.**
"LA TUA LIBRERIA ONLINE" Acquista con fiducia "LA TUA LIBRERIA ONLINE"	

Successivamente, dobbiamo definire i link i <u>i collegamenti</u> e l faremo semplicemente indicando sotto nelle proprietà dove c'è la cartella

Collegamenti > sfoglia

la pagina a cui vorremmo far collegare il nostro link.

Quindi:

1. Selezioniamo il link in basso dove c'è scritto collegamenti
2. Clicchiamo su SFOGLIA e cerchiamo il nostro file.
3. Salviamo e vediamo l'anteprima ciccando su F12.

Voilà! Vediamo quello che abbiamo creato.

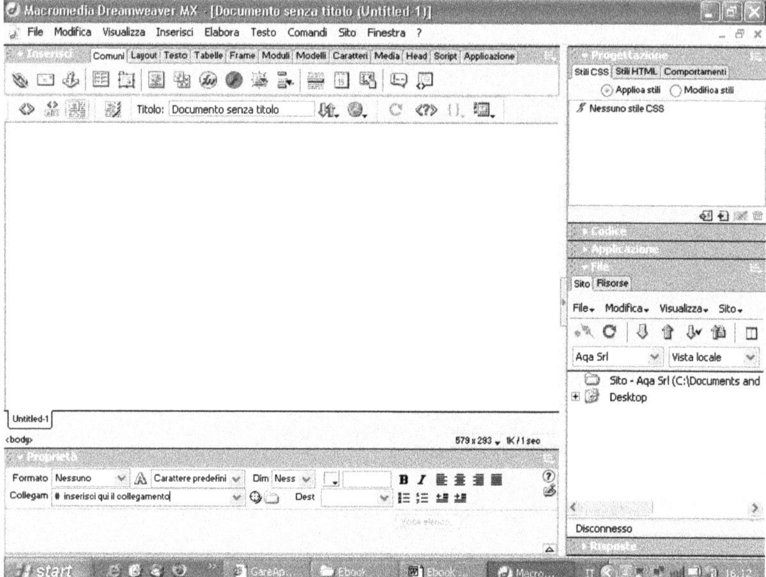

UTILIZZARE I FOGLI DI STILE

I fogli di Stile o CSS (Cascading Style Sheet) sono strumenti essenziali per rendere ottimi i vostri siti e per sviluppare delle pagine del vostro sito con un aspetto serio e professionale. Inoltre sono veloci e facili da applicare.

Un foglio di stile dopo che è stato realizzato è sufficiente associarlo alle varie pagine, per ottenere immediatamente la formattazione desiderata dei vari elementi.

Se la parola vi spaventa non preoccupatevi, non è altro che una finestra di Dreamweaver in cui vanno dati i parametri del testo che l'intero sito o le singole pagine dovranno rispettare.

La garanzia che avete con l'utilizzo dei fogli di stile è la compatibilità tra le varie piattaforme. Infatti, a differenza della formattazione che utilizza il più semplice codice HTML che e interpretato in modo differente dai vari browser con i CSS la grandezza di un testo e indicata specificando esattamente la sua dimensione in pixel. Inoltre con i CSS si possono realizzare interessanti effetti di rollover sui collegamenti ma senza dover creare le immagini e inserire il codice Javascript.

Comunque i fogli di stile vanno ben oltre la formattazione del testo, infatti, possono essere applicati a qualsiasi elemento di una pagina Web, così da farlo apparire esattamente come volete.

ESEMPIO

1. Aprite Dreamweaver e la finestra palette “Stili CSS.

2. Cliccate sotto a destra, su “nuovo stile CSS”, **date allo stile un nome preceduto da un punto non dimenticatelo altrimenti non andate avanti** (ad es. . testo). Non è possibile usare spazi nei nomi degli stili, quindi utilizzate i trattini, se il titolo è composto di più parole.

3. Date queste impostazioni: crea foglio personalizzato e definite in nuovo foglio di stile.

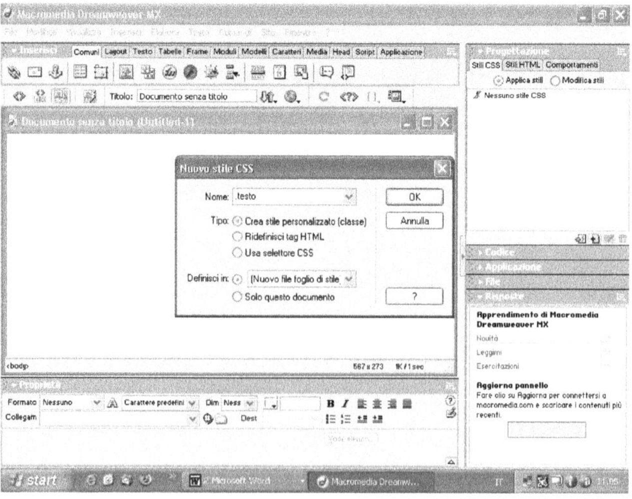

Il computer vi chiederà poi di salvare il file; fatelo nella cartella del sito con il nome "prova sito" e si aprirà una schermata che vi permetterà di scegliere tutte le caratteristiche da adottare per la pagina web che volete costruire.

In questo modo non dovrete più andare ad agire manualmente, ma nella finestra avrete il vostro file CSS che vi servirà una volta cliccato a impostare la formattazione delle pagine html che andrete a creare in maniera facile e soprattutto veloce.

UNO STILE PER I TITOLI

Come avete notato, basta un solo clic per cambiare l'aspetto del testo sulla pagina.

Create, come prima un nuovo stile e denominatelo .titolo.
Questa volta definitelo nel file già creato, "provasito.css".

USARE I CSS PER DEFINIRE I LINK E CREARE DEI ROLLOVER

Create un nuovo stile, ma questa volta cliccate su: "Usa selettore CSS" dal menu selezionate a:link.

Questa procedura consente di ridefinire il tag HTML che gestisce i link, creando uno stile personalizzato.

<u>Ad esempio:</u>

1. Scrivete un testo nella pagina, poi date la formattazione cliccando su “testo” selezionate una parola e date una formattazione titolo, e infine se volete un link basta creare un collegamento (al momento potete anche solo inserire un cancelletto # sotto dove indica i collegamenti e vedrete che il testo verrà automaticamente formattato come voi avrete impostato seguendo la procedura sopra descritta).

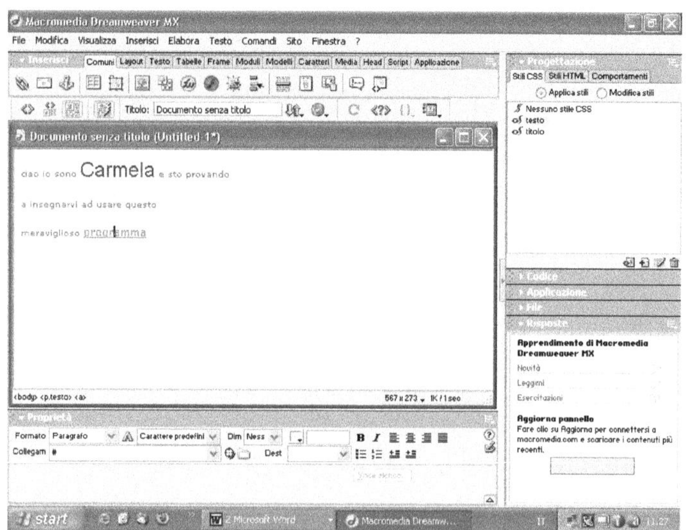

Con i CSS potete creare degli effetti di rollover sui link senza scrivere una sola riga di JavaScript.

Create un nuovo stile come prima, ma questa volta selezionate a:hover.

Questo stile sarà usato al passaggio del mouse sui collegamenti. Definite il testo con il colore giallo, e cliccate F12 per visualizzare l'anteprima nel browser Internet Explorer.

Vedrete che se ora passate sulla parola programma con il mouse il colore cambierà in giallo.

Create ancora un nuovo stile e selezionate a:active

Questo definisce l'aspetto dei link attivi, allo stesso modo dello stile a:link. e infine, abbiamo a:visited che gestisce i file già visitati.

SEGRETO n. 1: I fogli di stile sono il metodo più semplice

e veloce per formattare le vostre pagine web e creare una struttura coerente in tutte le pagine del vostro sito. I form sono l'altro asso nella manica perché permettono il contatto con l'utente.

Utilizzare i Form

Non serve a niente fare un Sito Web se poi non funziona, nel senso che non vi permette di stabilire un contatto con i vostri clienti.

Infatti, dopo averlo costruito, è interessante ricevere i commenti dei visitatori, siano essi positivi o negativi. Una pagina di contatti non serve a nulla se non si inserisce un form. Certamente, se preferite, potete anche inserire una linea di codice che, quando è attivata, lancia il programma di posta predefinito dall'utente in modo da rendere possibile l'invio di un messaggio, ma usando un form sarete voi a richiedere le informazioni che vi servono, ed è comunque la soluzione più gradita dagli utenti.

Comunque, se desiderate realizzare una pagina con più stili

oppure se avete bisogno di raccogliere specifiche informazioni sui visitatori del vostro sito, i form sono quello che vi serve.

Autore

Titolo

Cerca

Cerca in: Scegli la lista

Arte Diritto Liste di parole Liste di frasi

Cerca tra: Monografie Periodici Musica

Un form può essere semplice o più complesso Nel primo caso può prevedere il nome o l’indirizzo e-mail dell’utente. Nell’altro caso un form può essere configurato in modo da ottenere tutte le informazioni necessarie: nomi, indirizzi, numeri di telefono e anche informazioni sulla carta di credito.

Prima di iniziare vi conviene progettare il vostro form su carta. In questo modo avrete una buona idea di come apparirà il vostro form finito.

Ora siete pronti per aggiungere il testo.

Vi conviene sempre:

- Inserire il form in una tabella;
- Usare l'opzione "inserisci tabella" e create una tabella con una cella e nessun bordo né spazio tra le celle;
- Dal Menù inserisci, cliccate su "inserisci modulo" e poi su "campo di testo" per inserire la casella dove gli utenti inseriranno le informazioni;
- Nella casella proprietà sotto inserite le informazioni corrispondenti e le misure esatte che volete dare alla pagina.

Cercate di creare così uno schema semplice e ordinato prendendo spunto dai vari form su internet.

Successivamente:

1. Selezionate dal menu principale il menu "Inserisci" e quindi selezionare la voce "Form";

2. Nella finestra "Proprietà" specificate la posizione centrata. Impostate l'allineamento verticale a "a Top" (Superiore);

3. Dalla barra degli strumenti, "Forms", con il cursore

all'interno della cella principale della tabella, selezionate il primo strumento in alto a sinistra. Un clic su questo pulsante aggiunge i contorni del vostro form.

4. Cliccando sul pulsante "Insert Text Field" (Inserisci Campo di Testo), potete aggiungere un campo di inserimento testo. Se la dimensione predefinita non è grande abbastanza, potete impostare il numero di caratteri o la dimensione.

Assicuratevi che tutti gli elementi del form siano all'interno dell'area tratteggiata. Se qualcosa viene posto all'esterno il form può non funzionare.

La linea tratteggiata serve a darvi una guida.

Formattate il testo come fate di solito, potete evidenziare maggiormente il testo di quei campi che volete siano riempiti. Allineatelo, giustificatelo, fate le migliori modifiche affinché risulti simpatico e gradevole.

Dalla finestra "Proprietà" potrete modificare tutte le

impostazioni del vostro nuovo form e specificare una dimensione per il vostro campo di testo, insieme alle altre proprietà.

Potete aggiungere poi gli altri elementi come:

- Domande chiuse con risposta "Si" o "No" grazie al pulsante Insert Checkbox (Inserisci Casella di Spunta).

- Il pulsante "Insert List" (Inserisci Lista) vi permetterà di aggiungere un menu a tendina, che può essere utile nel caso abbiate più di un'opzione disponibile ;

- Dalla finestra List Values (Valori della Lista) potrete aggiungere valori per ogni parte del menù. Se cliccate su "List Values" (valori della lista) nella finestra "Proprietà" potete modificare il vostro menu per includere informazioni rilevanti per il vostro sito. Questo strumento è utilissimo se avete molti elementi nella lista e spazio limitato, inoltre è un modo veloce di vedere una lista completa di articoli.

Continuate a riempire di elementi il vostro form finché non avrete completato la pagina. Potrete includere pulsanti radio, immagini e collegamenti;

- Infine inserite il pulsante d'invio Submit (Invia). È il pulsante che l'utente cliccherà alla fine del completamento del form per inviare le informazioni in esso contenute.

Potete costruire una o più pagine contenenti dei form, per ottenere le informazioni di cui avete bisogno dal pubblico che visita il vostro sito.

Una volta costruito un form deve anche funzionare. Il funzionamento del vostro form dipende da alcuni script che risultano difficili da comprendere all'inizio, ma una volta capiti vi faranno apprezzare tantissimo questo strumento.

Un altro menù importante da analizzare è il menù Method (Metodo), che vi permette di scegliere il modo in cui verranno maneggiati i dati una volta inviati al CGI-bin. Andate su POST se desiderate inviare i valori del form nel corpo di un messaggio e su GET per mandarli al server accodati all'URL.

Gli Script CGI e il CGI-bin, che troverete sul server che ospita il vostro sito vi servono per impostare il form.

Quando si imposta un form interattivo bisogna essere sicuri che il server che ospita il sito abbia le funzioni CGI-bin e che i gestori vi possano aiutare in caso di necessità.

Inoltre, avrete bisogno di lavorare con molta attenzione e precisione.

Dopo averlo impostato, provate il form per vedere se funziona correttamente.

Per provarlo aprite la vostra pagina in un browser Web e cliccate su Invia.

Se le informazioni arriveranno correttamente nella vostra casella email, allora il funzionamento sarà corretto.

Verifica e pubblicazione del sito

Abbiamo completato il nostro sito e ora dobbiamo metterlo ondine. Ma prima del lancio vero e proprio bisogna verificare che tutto funzioni correttamente e che non ci siano errori.

Prima di tutto dobbiamo controllare:

- **In quanto tempo si carica il sito?**
- **Si visualizza correttamente nel browser?**
- **I collegamenti tra le pagine funzionano?**
- **Il sito si visualizza correttamente sui diversi monitor e a risoluzioni diverse?**

Bisogna valutare bene la velocità del nostro sito. In genere il caricamento deve essere di 50Kb per pagina.

Se create un sito troppo pesante rischiate di renderlo lento durante il caricamento e gli tenti potrebbero scappare.

Il sito deve anche essere compatibile con browser differenti. Non tutti gli utenti Internet usano Internet Explorer, molti usano anche Netscape.

Prendete l'abitudine di far verificare il sito a una persona diversa da chi lo ha realizzato. La vostra mente è troppo coinvolta e voi non riuscirete a cogliere tutte le imperfezioni.

Infine cercate di ottimizzare il sito per risoluzioni usate comunemente dai monitor:
800x600;
1024x768.

Dopo aver effettuato queste operazioni di controllo potete finalmente pubblicare il vostro sito usando i programmi ftp.

Provate ad usare questo.

www.cuteftp.it

Oppure scaricate dalla rete le varie versioni gratuite.

Dovete sempre stare attenti in questa fase perché se la struttura del sito remoto non corrisponde a quella del sito locale, i file vengono caricati nella posizione sbagliata e non saranno visibili ai visitatori.

Quante volte vi è capitato di non visualizzare una pagina internet o una foto e al suo posto compare una X?

Quindi controllate bene tutto se non volete fare brutte figure con i vostri utenti.

Il controllo del vostro sito web e l'aggiornamento

Una volta completata l'opera bisogna verificarla di continuo anche dopo il lancio. I test sul sito continuano anche dopo che sarà andato online. Questi controlli possono essere fatti in vari modi:

- stabilendo un piano di controllo della qualità;
- svolgendo vari test di qualità.

Link, template, script, frame sono elementi da controllare in continuazione.

La prima fase di controllo servirà ad individuare gli errori, la seconda, invece, servirà per verificare le correzioni e l'andamento del livello di utenza del sito.

Esistono vari tipi di test in giro che vengono utilizzati per controllare l'intero processo globale del progetto online essi sono:

- **alpha testing**: è il test utilizzato per il controllo iniziale di un sito . In genere viene fatto prima della sua pubblicazione;

- **test di utilizzo**: è un test che verifica le interazioni tra utente e sito web. In genere viene fatto durante il periodo di vita del sito;

- **user acceptance**: è una serie di test che valutano se il sito risponde all'esigenza degli tenti;

- **check up contenuti**: è un test dei contenuti. Essi vengono verificati per stabilire se devono essere modificati;

- **beta testing**: è il controllo finale di tutto il sito appena prima del lancio (quando il sito è stato già caricato sul server).

Grazie a questi test il sito può essere poi valutato attentamente per giungere a delle conclusioni. L'analisi dettagliata di tutte le caratteristiche permette di agire immediatamente e nei tempi giusti.

Ricordatevi che l'utente tornerà a visitare il vostro sito solo se lo troverà conforme alle sue richieste. Numerose ricerche hanno dimostrato che gli utenti sono spinti a tornare su un sito da alcuni fattori come:

1. la qualità dei contenuti;
2. la facilità d'uso;
3. i tempi brevi di caricamento;
4. gli aggiornamenti frequenti.

Sono proprio gli aggiornamenti regolari che mantengono alta la qualità del vostro sito. Oltre ad analizzare i contenuti bisogna stabilire le modifiche da apportare a breve e a lungo termine.

L'attività di manutenzione e aggiornamento potrà essere affidata a un reparto aziendale interno oppure alle numerose società nate per effettuare consulenza su questo campo.

In qualunque caso è bene avere le idee chiare, e già dal momento in cui il sito è online, bisognerà stabilire tutte queste cose. Ricordate che la manutenzione e l'aggiornamento non sono solo chiacchiere, ma funzioni fondamentali, tappe importanti della riuscita del vostro progetto web. Ogni anno milioni di siti vengono creati e messi online ma solo pochi riescono a rimanere a galla in questo oceano immenso pieno di predatori che è il web.

COME REGISTRARE IL SITO NEI MOTORI DI RICERCA

Dopo aver creato il vostro sito dovete cominciare a pensare a come farlo visitare dal maggior numero di persone. L'unico modo per ottenere successo e numerosi accessi alle vostre pagine e che il sito venga a trovarsi in quanti più possibili motori di ricerca e indici.

Per riuscirci e aumentare così la visibilità del vostro sito, potete registrarlo manualmente, oppure utilizzare un programma che, con uno sforzo minimo, iscrive per voi il sito nei più importanti motori di ricerca e indici.

L'elenco completo dei motori di ricerca disponibili sulla Rete lo potete visitare sul sito:

www.motoridiricerca.it

dove troverete anche una guida completa e un approfondimento sul tema

Registra il tuo sito/blog da queste risorse:

http://addurl.google.com/

http://blogsearch.google.com/ping

http://www.submitexpress.com/submit.html

http://pingomatic.com/

ALCUNI TRA I PIU' IMPORTANTI MOTORI DI RICERCA	
http://www.yahoo.it/	http://www.google.it/
www.altavista.it	http://www.msn.it/
http://arianna.libero.it/	http://www.lycos.it/
http://www.excite.it/	http://it.dada.net/home/
http://www.cerca.com/	http://search.tiscali.it/web/
http://virgilio.alice.it/indexbb.html	http://www.tuttonet.com/
http://www.okcerca.it/	http://www.publiweb.com/

Nel nostro sito è importante definire i metatag che sono dei tag specifici che sono impostati per permettere ai motori di ricerca di trovare subito le informazioni necessarie per trovare il nostro sito.

I Tag sono codice Html usato per realizzare la pagina pubblicata sul sito web. Tutti i Tag hanno una loro funzione e servono per stabilire il posizionamento del sito.

Gli spider dei motori, individuano questi tag e stabiliscono in che posizione deve andare un determinato sito.

Inserire un titolo perfetto del sito **tag title** è senza ombra di dubbio una delle azioni più importanti da eseguire nell'ottimizzazione di una pagina per i motori di ricerca.

Ecco alcuni consigli da seguire per il **tag title**:

- fare sempre attenzione al titolo della pagina, se non si vuole che appaia il messaggio "senza titolo";
- in base agli standard del W3C, la lunghezza massima del *titolo d*i un sito deve essere di 80 caratteri;
- inserire le parole chiave Keywords senza ripeterle e valutandole attentamente. Cercate di non inserire più di tre o quattro parole chiave, e usate parole contenute all'interno delle pagine;
- giocate con maiuscole e minuscole per *enfatizzare il testo* e renderlo appetibile all'utente, potete usare anche caratteri eciali e ricordatevi di usare titoli diversi per ogni pagina.

RIEPILOGO DEL GIORNO 5:

Complimenti ora sapete come creare il vostro MINI SITO e anche come pubblicizzarlo sfruttando i motori di ricerca. Ricordate di fare attenzione ai seguenti segreti:

- **SEGRETO n. 1:** I fogli di stile sono il metodo più semplice e veloce per formattare le vostre pagine web e creare una struttura coerente in tutte le pagine del vostro sito. I form sono l'altro asso nella manica perché permettono il contatto con l'utente e quindi il recupero delle informazioni necessarie per offrire un ottimo servizio.
- **SEGRETO n. 2:** La prima cosa importante per i motori di ricerca è il titolo del Sito, quindi non registrate domini strani che non centrano nulla con l'obiettivo del Sito.
- **SEGRETO n. 3:** Ricordate di definire bene la descrizione del sito web nel meta tag. Utilizzate anche dei sistemi a pagamento saranno utili per accrescere le vostre visite. Valutateli in base all'accessibilità economica.
- **SEGRETO n. 4:** Usate anche un vecchio metodo per far conoscere il Vostro sito a tutti quelli che conoscete: il PASSAPAROLA!

GIORNO 6
L'USABILITA'

Il problema dell'usabilità

Fino a poco tempo fa la maggioranza delle persone non dava importanza all'usabilità e pensavano che tutto dipendesse dalla grafica, molto spesso ridondante e inutile nei siti (pensiamo a quelle animazioni inutili che troviamo spesso nei mini siti autogestiti). Oggi però ci si sta rendendo conto adesso che, se non si creano delle interfacce navigabili, il risultato di tutto il duro lavoro fatto potrebbe essere un fallimento. Bisogna cambiare prospettiva e mettersi nei panni dell'utente.

Tutte le volte che un soggetto non riesce a trovare l'informazione che gli occorre, si scontra con problemi di usabilità.

Da alcune statistiche risulta che il 75% dei siti della Rete presenta, problemi di questo genere; mentre il 50% dei rapporti non solo commerciali viene perso proprio per questo motivo. In base alle statistiche, dal 39 al 50% delle vendite potenziali viene perso, **perché non si riesce a trovare l'informazione**. Questo è un vero danno economico per le aziende.

Per analizzare l'andazzo di un sito dobbiamo effettuare l'**analisi dei log**. I log sono file di testo che conservano la memoria dei visitatori e del traffico di un sito.

I diversi programmi per l'analisi statistica dei log che esistono sono molto costosi, ma oggi possiamo contare su siti che on-line vanno a monitorare le nostre visite, alcuni lo fanno gratuitamente e altri a pagamento.

Ma in quali condizioni possiamo dire che un sito pubblicato e pubblicizzato non funziona?

- Sicuramente dopo che è avvenuto il lancio iniziale e si verificano consistenti **perdite di traffico**, rispetto all'inizio.

- Se gli **acquisti sono scarsi**.

- Se c'è un forte **abbandono dei carrelli di spesa**.

- Se i visitatori restano **pochi secondi nella home** poi lasciano il sito senza visitarlo in profondità.

- **Dalle Statistiche** che dicono che nel nostro sito non ci sono visitatori abituali.

Linee guida generali per l'usabilità

Questi erano e sono tuttora i principati attributi dell'usabilità:

1. **Grado di utilità:** Il sito creato . Serve a qualcosa? A chi serve?

2. **Facilità di comprensione**: E gli utenti che si imbattono davanti a un sito che non hanno mai visto? Si ritrovano in aree di cui non conoscono, non sanno dire come sono arrivati? Come si comportano?

3. **Funzionalità:** Il caricamento del sito è rapido? I visitatori possono ricevono delle risposte sensate e veloci, oppure no?

4. **Memoria:** È facile usare il sito? Gli utenti memorizzano i menu e i vari schemi del sito?

5. **Errori:** Quante volte gli utenti usano il tasto back come se fossero finiti dove non volevano? Chiedetevi il perché e intervenite immediatamente.

6. **Appagamento**: Il sito è soddisfacente per gli utenti? È stimolante usarlo o crea problemi come agitazione e delusione?

La definizione dell'Usabilità è questa:

"L'usabilità può essere definita come il grado di facilità d'uso connesso al livello di fruizione di una determinata quantità di informazione che un individuo può ricevere da un artefatto tecnologico".

Gli errori in cui è più facile cadere quando si progetta un sito web

Gli errori che si commettono più spesso sono indicati sotto:

- **Immagini e clip art animate**: sono quelle che ci fanno più innervosire, scritte lampeggianti e movimenti dappertutto con un risultato davvero antipatico;

- **Sfondi e texture**: gli sfondi troppo decorati danno troppo fastidio e la grafica risulta molto ridondante;

 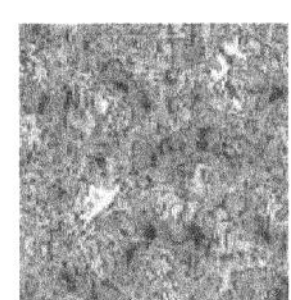

- **Pulsanti e banner**: ovunque ti giri pulsanti colorati che ti invitano a cliccare. Non solo deviano l'attenzione dell'utente ma infastidiscono l'occhio.

- **Musica**: pensateci bene prima di inserire basi musicali sul vostro sito. Vi servono davvero? Interrogatevi sulla vostra utenza viene sul vostro sito per divertirsi, oppure per un motivo più serio?

- **Caricamenti lenti**: se il sito è lento a caricarsi dopo 30 secondi l'utente rinuncia sicuramente.

- **Pop-up Windows**: i banner pubblicitari come le finestre pop up e le pubblicità soprattutto quelle che appaiono all'improvviso portano l'utente a cambiare immediatamente sito. È come con il telecomando appena fa la pubblicità si cambia canale.

Gli standard da adottare

Lo *standard ISO 9126* («Information Technology –Software Product Evaluation- Quality Characteristics and Guidelines for their Use») del 1991 definisce sei caratteristiche utili per stabilire l'usabilità di un programma e di conseguenza anche di un sito web.

Queste caratteristiche sono:

1. funzionalità
2. affidabilità
3. usabilità
4. efficienza
5. manutenibilità
6. portabilità

L'usabilità che è quella che ci interessa di più la troviamo solo al terzo posto e dipende da tre funzioni:

- **Accessibilità**: lo sforzo necessario, da parte dell'utente, di riconoscere il concetto logico e la sua applicabilità.

- **Apprendibilità**. lo sforzo, da parte dell'utente, di imparare la sua applicazione (ad esempio, controllo delle operazioni, input, output).

- **Operabilità**: lo sforzo, da parte dell'utente, di operare e per controllare le operazioni.

Un altro standard ISO 9241 («Ergonomic Requirements for Office Work with Visual Display Terminal») definisce l'usabilità come: "L'efficacia, efficienza e soddisfazione con cui specificati utenti raggiungono specificati obiettivi in particolari ambienti".

Questa definizione più nuova sembra meglio definita e si basa su queste caratteristiche:

1. l'interazione;

2. bisogni di utenti specifici;

3. contesto d'utilizzo.

RIEPILOGO DEL GIORNO 6:

Usabilità è la parola vincente che può davvero distinguere la vostra pagina web. Ricordate prima di procedere di fare attenzione ai seguenti segreti:

- **SEGRETO n. 1:** Non dimenticate che potete creare la più bella pagina mai realizzata, ma se non rispettate i criteri che vi ho indicato, siete OUT.
- **SEGRETO n. 2:** Provate il vostro sito in continuazione, valutate il caricamento e fatevi consigliare da amici, parenti ecc. Non sottovalutate il loro punto di vista che è comunque quello di una persona estranea che valuta in maniera più oggettiva di voi che lo avete realizzato.
- **SEGRETO n. 3:** alcuni standard vi sembreranno inutili, Non siate superficiali e mostratevi sempre aggiornati con tutti i clienti.
- **SEGRETO n. 4:** Per ottenere una pagina davvero pulita studiate bene le pagine web che vedete sul web, leggete gli articoli sulla materia in questione e date un'occhiata alla classifica dei siti più corretti esteticamente.
- **SEGRETO n. 5:** Pensate bene prima di agire,qual è il target principale di utenza? Il sito soddisfa le esigenze richieste? Devo apportare modifiche? Fatevi continue domande e le risposte devono essere tempestive e perspicaci.

COMPLIMENTI
SE SIETE ARRIVATI FIN QUI
AVETE LE CONOSCENZE GIUSTE
PER INIZIARE A CREARE IL VOSTRO SITO
COSA ASPETTATE??
BUON LAVORO

Ora dovrete esercitarvi.

Avete già un'idea del sito che volete creare?

Allora provate a cercare su internet alcuni siti sull'argomento che vi interessa, studiateli bene e cominciate a decidere in base a quello che avete imparato cosa fare.

Se avete dei dubbi tornate indietro, non abbiate fretta.

GIORNO 7
STAGE E CASI DI STUDIO. PROGETTI REALIZZATI DA PROFESSIONISTI DEL WEB DESIGN

ECCO IL VOSTRO STAGE VIRTUALE

PRESENTAZIONE DELL'AZIENDA

In questo ultimo capitolo analizzeremo il caso di un'azienda di promozione pubblicitaria, la "Relapso Communication", operante nel campo della comunicazione, della web-grafica e della pubblicità, dall'inizio del 2001. L'azienda, ha operato in diversi settori: progettazione grafica e web, promozione pubblicitaria attraverso i mass-media (campagne televisive, radiofoniche ecc.), direct marketing (distribuzione materiale pubblicitario e mailing list) e merchandising (promozioni sul punto vendita); inoltre, grazie alla collaborazione con strutture esterne, quali service di stampa e professionisti del settore, è stata in grado di crearsi in breve tempo un buon pacchetto clienti e una buona considerazione grazie alla professionalità e alla cura con cui venivano assistiti i clienti.

La Relapso Communication è una realtà nata dalla partnership di liberi professionisti che operano nel settore della Comunicazione. Il team è composto da grafici, progettisti del web, web designer, giornalisti e operatori tecnici; menti frizzanti, competenti e attente agli andamenti degli innumerevoli e più diversi mercati, per offrire un servizio globale, mirato e sempre attuale a tutta la clientela.

L'azienda abbraccia il mondo della comunicazione, proponendo un percorso che va dal classico studio di comunicazione, alla realizzazione di siti internet, fino alle più avanzate soluzioni per il web e l'informatica. L'obiettivo dell'azienda è sempre stato quello di incrementare sensibilmente l'efficacia dei sistemi informatici e degli strumenti pubblicitari abbattendo al tempo stesso i costi di gestione e ottimizzando il lavoro quotidiano attraverso l'implementazione delle più moderne tecnologie. Il punto di forza è senza dubbio la "qualità dei servizi" (termine quanto mai inflazionato nel mercato della comunicazione e marketing ma sempre attuale), la quale viene garantita tramite la cura in ogni particolare di tutti i prodotti e servizi offerti.

Altri punti da sottolineare sono:

- l'esperienza maturata dai dirigenti nel corso degli anni, ottenuta lavorando su diversi progetti nei settori più disparati;
- la versatilità e la personalizzazione, che è necessaria quando si lavora in questo settore, cercando di cucire una "camicia su misura" per ogni cliente, senza obbligarlo a soluzioni pacchettizzate o troppo rigide per le caratteristiche del suo business;
- l'approccio etico ed ecologico alla comunicazione, al web, e al marketing;
- e, non ultimo come importanza, una grande passione per quello che si svolge e per il modo con cui si raggiungono i risultati.
-

L'azienda è fatta di persone che conferiscono al brand la propria professionalità ed esperienza pluriennale maturata nel settore della comunicazione web e tradizionale.

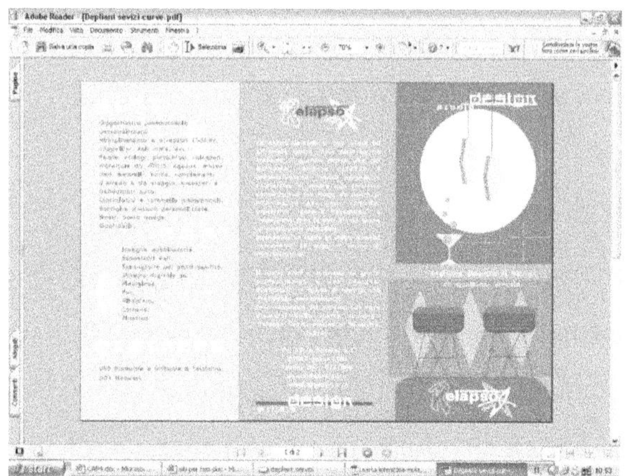

Materiale pubblicitario dell'azienda 1

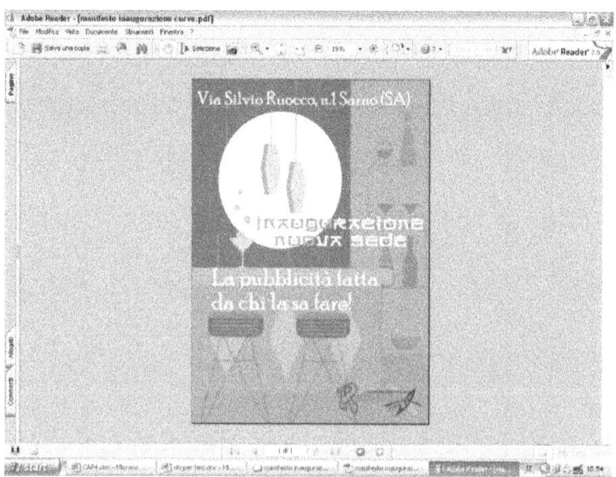

Materiale pubblicitario dell'azienda 2

La mission aziendale è concentrata nella massima attenzione al cliente, comprensione delle esigenze, eccellenza e affidabilità. Per assicurare tutte queste caratteristiche c'è bisogno di collaboratori brillanti, creativi e dinamici, animati da integrità, onestà, ed entusiasmo per i clienti.

Inoltre essi devono essere animati dal desiderio di affrontare nuove sfide, obiettività, spirito critico e responsabilità in termini di impegno e risultati.

L'azienda segue un iter lavorativo rigoroso e innovativo, che consente di risolvere con efficacia e tempestività le esigenze della clientela e, allo stesso tempo, permette di avere un approccio proattivo. Avere un "**approccio proattivo**" significa "riorganizzarsi sia dal punto di vista tecnologico che delle metodologie e soprattutto delle risorse umane, in modo che il sistema Azienda sia in grado di percepire anticipatamente le tendenze e i cambiamenti futuri per pianificare le azioni opportune in tempo, rispetto alle future esigenze aziendali".

Importante è credere nell'innovazione, nella tecnologia avanzata e nell'integrazione dei sistemi per condividere le informazioni e sfruttare al meglio le risorse. Offrire alle imprese efficacia dei sistemi ed efficienza delle risorse umane e tecniche.

Il lavoro è incentrato su due fulcri fondamentali.

Il primo è il cliente, che costituisce l'inizio e la fine del lavoro. Il cliente è intervistato, seguito e guidato nella definizione dei requisiti dell'opera che vuole realizzare, sia essa un sito Web, un prodotto multimediale o un intero sistema informativo. Allo stesso modo, il cliente è costantemente tenuto informato e aggiornato sullo stato del lavoro in fase di realizzazione, e una volta ultimato il prodotto è ancora il cliente a essere incaricato di dare l'approvazione definitiva.
Il secondo è il mercato.

In questo settore è fondamentale eseguire un costante e preciso monitoraggio del mercato e delle nuove tecnologie che sono rese disponibili, operando il miglior trade-off possibile tra innovazione e stabilità dei prodotti. Per questo motivo gli sviluppatori sono costantemente al passo con le ultime novità offerte dalla Rete, ma non cedono alla tentazione del "nuovo ad ogni costo", consapevoli del fatto che nel mondo informatico vale spesso l'equivalenza tra vecchio, collaudato e stabile.

Molto spesso, bisogna "istruire i clienti", i quali sono scettici verso le nuove forme pubblicitarie sia tradizionali sia ONLINE. Bisogna apportare loro la giusta conoscenza, che può avvenire solo con costanza e perseveranza nello studio del mercato. Bisogna quindi studiare delle strategie che possono consistere nella presentazione delle nuove tecnologie ai clienti, puntando sui vantaggi in termini di costo e qualità, ma anche sul miglioramento delle operazioni di semplificazione del lavoro.

Solo se i clienti riescono a interiorizzare bene i messaggi trasmessi, il prodotto/servizio venduto ha la speranza di avere successo.

WEB DESIGN: ALCUNI PROGETTI GRAFICI REALIZZATI: COSTRUZIONE DI UN LOGO E DI UN COORDINATO

Oggi una società deve essere competitiva, seria, affidabile e soprattutto bisogna che trasmetta questi valori. In pratica si deve associare al nome di una società, un marchio, un logo, uno stile grafico che la distingua e la renda unica.

Utilizzare quindi un'immagine coordinata (carta, busta, cover fax, e-mail intestata, biglietti da visita) e un identità aziendale (sito, depliant, brochure, catalogo, schede prodotto-servizi) che trasmetta ciò che il cliente vuole realmente comunicare, questi sono i compiti dell'agenzia di pubblicità.

Nel 2008 non basta più il passa parola, bisogna affidarsi a una comunicazione grafica pubblicitaria efficace e a una pubblicità che vinca il "rumore di fondo" creato dalle pubblicità concorrenti.

Da anni ormai la Grafica "tradizionale", cioè quella destinata alla stampa, è uno strumento di Promozione fondamentale.

Può vivere da sola e può essere affiancata al web per rafforzarne la promozione, rimanendo nel tempo il principale strumento pubblicitario.

Il logo è molto spesso identificato come il "documento d'identità" di un'azienda. Racconta le sue generalità, il suo carattere, il suo posizionamento. Ci sono molti modi di progettare un logo e di realizzare un marchio, ma sussiste un solo modo per rendere veramente un logo efficace: la ricerca, l'analisi e il metodo.

Un logo valido deve:

- fermare l'attenzione;
- integrarsi in ogni contesto;
- essere di forte impatto, immediato;
- essere facile e semplice;
- differenziarsi nello stile;
- estrapolare un concetto;
- saper comunicare;
- ricordare un significato.

Il percorso lavorativo di un progetto grafico

FASE 1 ***Obiettivi Cliente*** ***Analisi Mercato di Riferimento*** ***Analisi Scenario Competitivo*** L'agenzia pubblicitaria che deve realizzare la progettazione del logo o la realizzazione del marchio raccoglie il brief del Cliente e, individuati gli obiettivi, procede all'analisi del mercato di riferimento.
FASE 2 ***Individuazione dei Percorsi Possibili*** ***Analisi del Posizionamento*** Vengono individuate le particolarità grafiche primarie da seguire per un posizionamento strategico del nuovo logo / marchio.

FASE 3

Proposte Creative

Test di Comprensione / Gradimento

Scelta della Proposta

Si passa all'ideazione delle proposte creative. Vengono presentate più soluzioni (marchi / loghi), tutte rispondenti ai requisiti richiesti. Quelle selezionate sono, poi, testate per misurarne efficacia e gradimento. Il Cliente, infine,sceglierà la proposta definitiva.

FASE 4

Ricerche di Anteriorità

Registrazione del Marchio

L'agenzia incaricata della progettazione del marchio o della realizzazione del logo effettua anche (se richiesta) una ricerca di anteriorità nel settore e nei mercati di riferimento per assicurarsi dell'originalità del logo / marchio. Successivamente, si procede alla registrazione del marchio.

FASE 5 ***Coordinato d'Immagine*** ***Elaborazione Manuale di Utilizzo*** ***Digitalizzazione Formati Informatici*** Viene realizzato il Manuale d'utilizzo del logo / marchio (Guide Line), che consentirà di riprodurlo ed applicarlo correttamente nel tempo e dovunque. Infine, è fornito un supporto digitale contenente gli esecutivi nei formati informatici richiesti, adattati per ogni tecnica di stampa e di visualizzazione.
FASE 6 ***Stampa e packaging***

WEB DESIGN: PROGETTI WEB REALIZZATI

In un contesto in continua evoluzione come Internet , si rischia spesso di farsi prendere dalla mano dell'innovazione e perdere di vista il contatto con la realtà. Quando le esigenze del cliente sono la realizzazione di semplici siti vetrina con pochi aggiornamenti il problema non c'è, ma quando si tratta di creare qualcosa di più complesso allora ogni azienda deve essere in grado di offrire un prodotto base studiato appositamente sulle esigenze del richiedente, senza ornamenti superflui e con un ottimo impatto grafico.

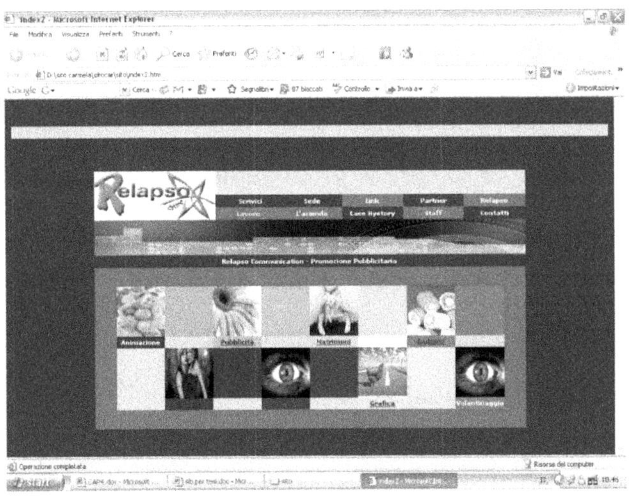

Sito Web Relapso Communication 1

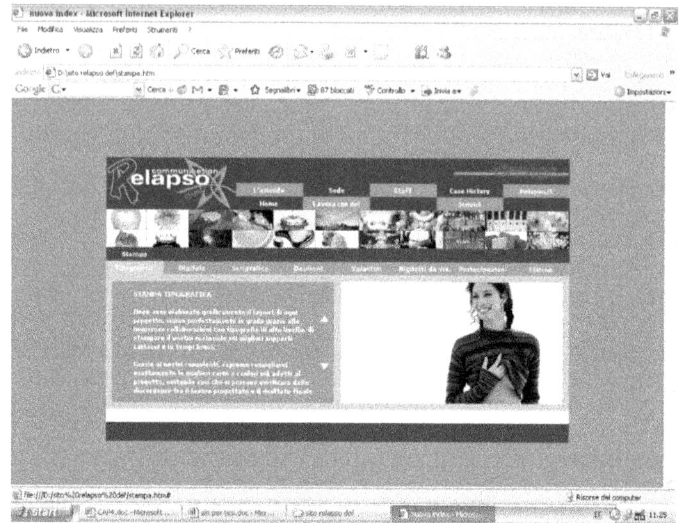

Sito Web Relapso Communication 2

Siti statici e dinamici

I siti web statici realizzati dalla Relapso Communication cercano sempre di seguire le direttive del W3c, il consorzio di riferimento per i linguaggi utilizzati in ambito Web, sono multi-browser (ossia visualizzabili dai più diffusi programmi di navigazione, quali Internet Explorer, Firefox, Opera ecc.) e multi-piattaforma (supportati da Windows, Macintosh e le maggiori distribuzioni di Linux).

Quando si realizza il sito tutto nei minimi dettagli viene tenuto sotto controllo in modo che anche l'usabilità del sito non venga mai compromessa. Come abbiamo già visto si parte da un'intervista al cliente per capire i suoi obiettivi, oppure si passa ad un esame approfondito del sito esistente, per delinearne le caratteristiche, i punti di forza e i limiti. Attraverso l' assistenza e la consulenza editoriale, si cerca di offrire un servizio di messa a punto del materiale fornito dai clienti, e di rielaborazione e adattamento del materiale editoriale, fino addirittura alla ricerca e alla creazione ex novo di contenuti.

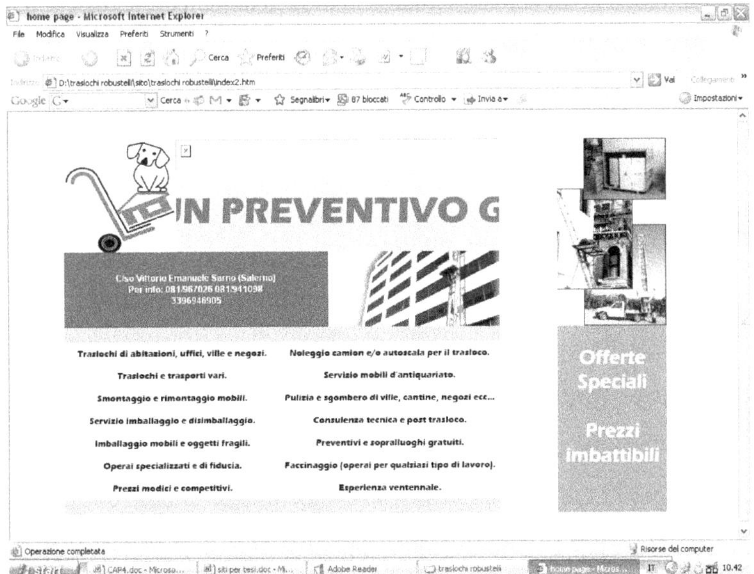

SITI WEB REALIZZATI

Sito web realizzato per un'azienda di trasporti e traslochi

Il percorso lavorativo di un progetto web statico

FASE 1

Definizione dei requisiti

Il cliente è intervistato dal responsabile marketing che provvederà alla definizione dei requisiti funzionali e grafici del sito. Alla base di un buon prodotto c'è un'immagine chiara e definita di quali sono gli scopi del sito (vetrina, ricerca di informazioni, pubblicazione di news, e-commerce ecc.) e del target degli utenti che lo visiteranno.

FASE 2

Preparazione di una bozza statica

Gli sviluppatori provvederanno a preparare la struttura di navigazione del sito e a predisporre le varie sezioni dello stesso. Parallelamente si svolge il lavoro dello staff grafico che si occupa della presentazione dei contenuti. La bozza così predisposta viene mostrata al cliente che dà il *placet* per procedere con le operazioni.

FASE 3

Inserimento dei contenuti

Una volta ottenuto il benestare per la bozza, il sito è pronto per ospitare i contenuti, così come forniti dal cliente. Al termine di questa fase il sito può considerarsi concluso e pronto per l'approvazione finale.

Per risultare al passo con i tempi, un sito statico oggi non basta più. Internet è innovazione, flessibilità, interattività e cambiamento.

Progettare e realizzare siti web animati è l'unica via d'uscita per arrivare a coinvolgere l'utente finale. Grazie a programmi come Macromedia Flash, oggi si possono creare veri e propri prodotti multimediali che consentono ottima funzionalità. Un sito web, si caratterizza anche per l' interfaccia altamente accattivante, ricca di effetti grafici vettoriale e / o 3d che danno senza dubbio un valore aggiunto allo "stile" comunicativo aziendale.

Ogni azienda deve essere in grado di offrire un prodotto base studiato sulle esigenze del cliente, ottimo impatto grafico, effetti incredibili da lasciare senza parole l'utente che visiterà il sito web animato.

Un sito Web moderno, non può prescindere da un meccanismo dinamico di gestione dei contenuti, la Relapso Communication si avvale delle più moderne e consolidate tecnologie di programmazione, scripting e storage per il Web, quali PHP, MySQL, diversi sistemi di Content Management, l'uso delle tecnologie client-side Javascript secondo il paradigma AJAX per il quale il Javascript deve abbellire e rendere più agevole l'utilizzo del sito senza mai impedire il corretto accesso ai contenuti da parte di quegli utenti che per diversi motivi non dispongono di browser in grado di supportare le ultime tecnologie.

La rivoluzione oggi è in atto attraverso i pannelli di controllo. L' occasione è data dalla possibilità di far realizzare siti dinamici direttamente ai clienti, gestibili direttamente tramite una semplice interfaccia Web, che non richiede alcuna conoscenza specifica di informatica. La dinamicità del sito può variare dall'inserimento di un semplice pannello di amministrazione che il richiedente utilizza per modificare i contenuti del sito fino a interfacce complesse verso il cliente finale, quali ad esempio, chat, guestbook, mailing list, possibilità per gli utenti di iscriversi al sito e personalizzarne i contenuti e molto altro.

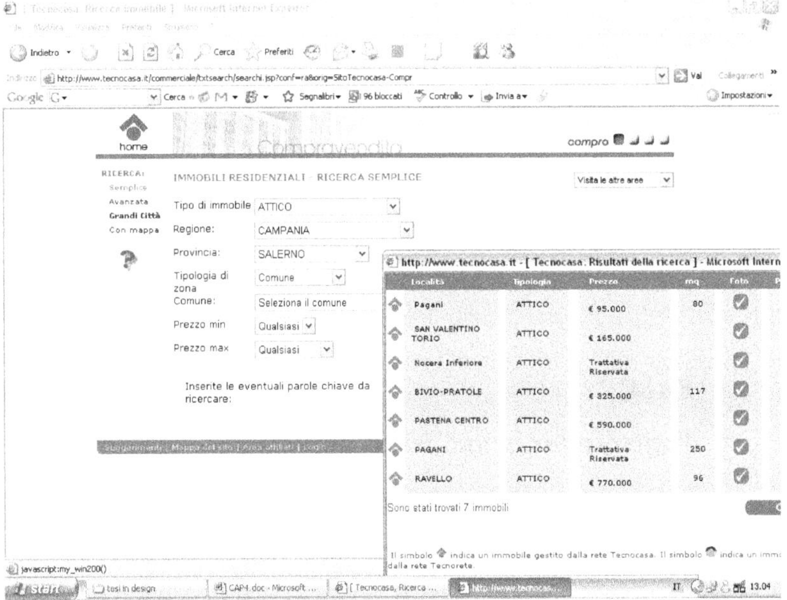

ESEMPI DI SITI WEB

Il percorso lavorativo di un progetto web dinamico

FASE 1

Definizione dei requisiti

Il cliente viene intervistato dal responsabile marketing che provvederà alla definizione dei requisiti funzionali e grafici del sito. Alla base di un buon prodotto c'è un'immagine chiara e definita di quali sono gli scopi del sito (vetrina, ricerca di informazioni, pubblicazione di news, e-commerce, ecc.) e del target degli utenti che lo visiteranno.

FASE 2

Preparazione di una bozza animata

Gli sviluppatori provvederanno a preparare la struttura di navigazione del sito e a predisporre le varie sezioni dello stesso. Un'attenzione particolare dovrà essere data alla raccolta delle informazioni che il sito dovrà contenere. Il sito non essendo statico avrà dei contenuti che dovranno essere estrapolati da dei database accuratamente preparati dall'azienda stessa con la consulenza dello staff. Bisognerà studiare un pannello di controllo adeguato che permetta ai clienti di poter gestire autonomamente le informazioni sul sito attraverso un upload di notizie e aggiornamenti direttamente dalla propria azienda. Parallelamente si svolge il lavoro dello staff grafico che si occupa della presentazione dei contenuti. La bozza così predisposta è mostrata al cliente che dà il *placet* per procedere con le operazioni.

FASE 3

Inserimento dei contenuti

Una volta ottenuto il benestare per la bozza, il sito è pronto per ospitare i contenuti, così come forniti dal cliente. Al termine di questa fase il sito può considerarsi concluso e pronto per l'approvazione finale.

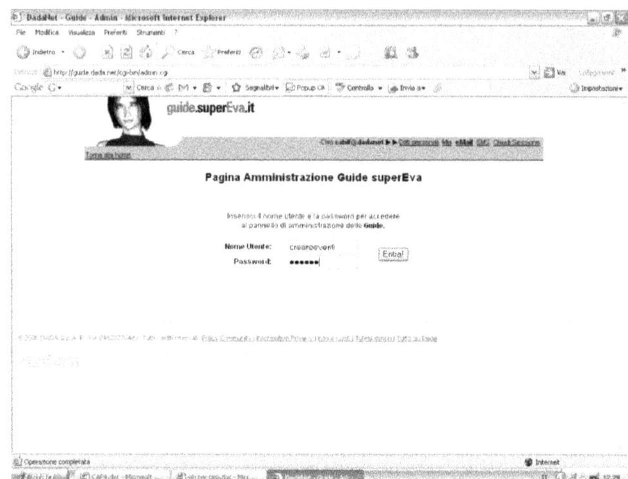

Esempi di pannelli di controllo 1

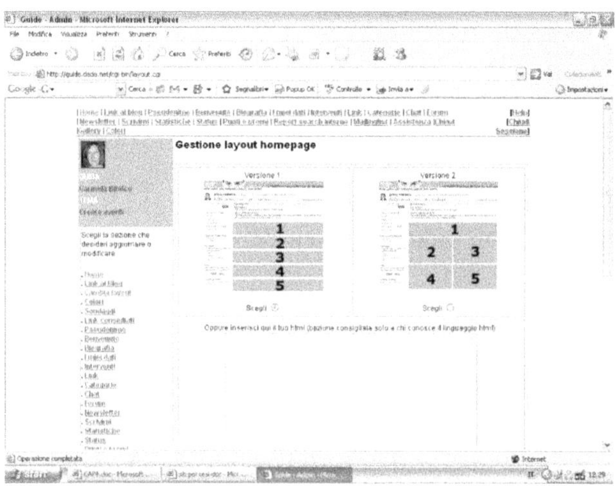

Esempi di pannelli di controllo 2

L'uso di templates, ossia di modelli grafici, animazioni flash, immagini coordinate (logo, biglietto da visita, carta intestata, firma digitale per mail) e quant'altro, è un altro punto di forza dei servizi che la Relapso Communication mette a disposizione dei suoi clienti.

Facilmente personalizzabili in base alle proprie esigenze ed i propri gusti personali, i templates possono pertanto essere utilizzati come base per lo sviluppo rapido di un sito web, di un'animazione di alta qualità o di un componente grafico.

SEGRETO n. 1: Cercate sempre di capire bene di cosa ha bisogno il vostro cliente. La maggior parte dei siti oggi sono dinamici, ma non fate confusione con quelli animati che sono molto differenti. L'animazione è piacevole ma ricordate che può distrarre e fuorviare l'utente dall'obiettivo preposto.

Progettazione e realizzazione portali web tematici

In che modo si distingue un portale tematico da un semplice sito web? Tre sono gli elementi caratteristici di un portale:

- l'estensione dei contenuti;
- la frequenza degli aggiornamento;
- i vari servizi di personalizzazione per gli utenti.

Tali caratteristiche sono essenziali in n portale e modificano l'approccio al progetto rispetto ad un sito tradizionale. Inoltre richiedono un maggior grado di modularizzazione e di variabilità delle interfacce.

La progettazione di un portale deve tenere in primis conto di esigenze razionali come la reperibilità dei contenuti, la facile navigazione da parte del cliente, e la possibilità di personalizzazione da parte dell'utente.

L'architettura e gli elementi grafici dovranno puntare ad una forte modularizzazione, intesa come organizzazione dei contenuti e della grafica in dati distinti, in modo che siano modificabili singolarmente con il minimo impatto sul resto.

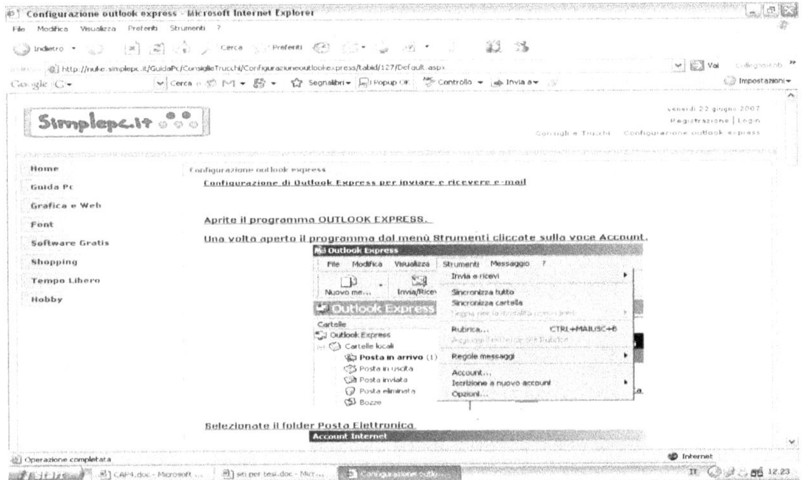

Portali 1

In particolare, i portali si distinguono in:

- Portali verticali, specializzati in uno specifico un argomento o in n determinato settore merceologico;
- Portali orizzontali, che offrono una serie di servizi generalisti e si pongono come punto di partenza per la navigazione di un utente generico.

Cosa deve fare un portale?

- Dare informazioni complete ed aggiornate. Le società editoriali, che hanno nell'informazione il proprio "prodotto" sano i portali nello stesso identico modo della stampa. Pensiamo ad aziende editoriali, testate giornalistiche, agenzie di stampa.

- Continuare a offrire altri servizi innovativi non lasciando mai al caso il servizio informativo. Molte delle aziende, che decidono di promuovere un prodotto offrono ai clienti tutta una serie di informazioni di contorno che hanno lo scopo di guidare e stimolare l'acquisto e l'utilizzo di quel prodotto. Ad es. un sito che vende prodotti per la casa e sviluppa un portale su come risolvere piccoli problemi domestici utilizzando i suoi prodotti.

- Incrementare il prestigio di un'azienda o di un prodotto. Ad es.: un sito che vende detersivi e sviluppa un portale sull'ambiente, la lotta all'inquinamento, i progetti di bonifica e tutela della fauna, ecc.

- Creare una community per abbracciare nuovi clienti: Questa è sicuramente una scelta strategica di molte aziende che decidono di investire in informazione e cultura su di un singolo tema, che nel medio/lungo termine portare loro una gran fascia di utenza. Ad es: un sito che offre articoli, consigli e risposte sul giardinaggio, in previsione di sviluppare in futuro commercio elettronico di piante ed attrezzature.

SEGRETO n. 2: Non cercate a tutti i costi di creare un portale se non avete intenzione di aggiornarlo. Esso non è come un sito normale che si aggiorna ogni mese, ma ha bisogno di una cura e un'attenzione continua. Se manca questo, il vostro progetto è fallito.

Progettazione e realizzazione moduli e portali di e-commerce

Se l'azienda decide di fare quel passo in più che rappresenta un investimento per il futuro, e vuole puntare sul commercio elettronico, l'agenzia deve seguirla passo passo nel realizzare un progetto pubblicitario adeguato.

Questa è una decisione che rende davvero moderna e al passo con i tempi l'impresa.

Stiamo parlando di e-commerce, la vetrina commerciale che dà la possibilità agli utenti di comprare i prodotti semplicemente con un click del mouse, pagando con le più diffuse carte di credito o con l'innovativo sistema sicuro PayPal (PayPal è un sistema di pagamento ondine che garantisce la sicurezza di tutte le transazioni economiche).

È stato reso famoso dall'uso in collaborazione con E-bay.com, il più importante sito di aste on-line.) Un sito e-commerce è un negozio sempre aperto, una vetrina incredibilmente vasta e importante, raggiungibile da tutto il mondo 24 ore su 24, senza domeniche, festività, ferie e malattie.

Il punto fondamentale per la riuscita di un progetto e-commerce è la perfezione del suo funzionamento. Nessun utente comprerebbe su un sito di cui non si fida né alcun commerciante metterebbe in vendita i propri prodotti con il rischio di rimetterci dei soldi. Per questo motivo è cruciale una fase di test completa e approfondita.

Lo staff aziendale in questo caso si occuperà personalmente di eseguire tutti i test necessari ad assicurare un corretto funzionamento dell'intero sito.

L'agenzia pubblicitaria deve mettere a disposizione del cliente tutta la sua esperienza e professionalità in un campo delicato come può essere quello del commercio elettronico, e offrire la possibilità di realizzare *ex novo* siti e-commerce o aggiungere le caratteristiche di e-commerce ad un sito esistente.

Si parte da un'intervista rispetto all'attività, all'organizzazione e agli obiettivi del cliente e per coloro che già hanno un sito un esame approfondito del sito esistente, per delinearne le caratteristiche, i punti di forza e i limiti.

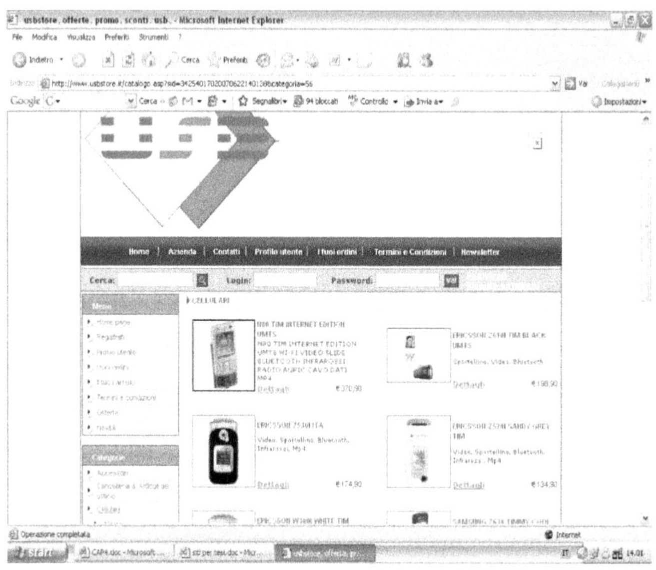
usbstore, offerte, promo, sconti, usb, - Microsoft Internet Explorer
Home | Azienda | Contatti | Profilo utente | I tuoi ordini | Termini e Condizioni | Newsletter
Cerca:
Login:
Password:
CELLULARI
Dettagli
€ 370,90
€ 198,90
€ 174,90
€ 134,90
Operazione completata
Internet

Sito di E-commerce 1

Una guida online

Le guide ONLINE danno la possibilità a tutti gli utenti interessati di utilizzare uno spazio web già reimpostato per contribuire a costruire i contenuti del portale. Tutti possono accrescere la propria visibilità e notorietà online attraverso questi portali.

Oggi le guide sono state sostituite dai blog. Nonostante ciò è bene capirne l'importanza, perché sono state i primi mezzi per l'interattività sul web. Diventare una guida permette di essere il punto di riferimento di persone che condividono uno stesso interesse con un metodo semplicissimo grazie a dei piccoli software che permettono di creare in pochi semplici passi le pagine e di catalogare le informazioni da inserite. All'inizio l'utente è assistito da alcuni tutor che sono e saranno sempre a sua disposizione per risolvere eventuali dubbi e problemi.

Si entra a far parte di una grandissima community di persone che hanno scelto questa strada e con le quali si potrà dialogare tramite forum speciali, chat, mailing list. Il sito guida si può gestire attraverso un apposito pannello di controllo dove inserire tutti gli interventi e tutti i link delle pagine della guida attraverso un form (applicativo) via web, e non necessita di un collegamento FTP.

La struttura delle pagine è così composta.

L'Home page è formata da: alcuni link, dagli abstract degli interventi (che cambieranno periodicamente), dal riferimento alle chat e ai forum.

La guida non è uno spazio web da riempire come per un sito personale. Non si può mica trasferire il proprio sito sulla guida bisogna rispettare delle regole che danno i tutor.

Il training è il periodo di prova che viene affidato a un Tutor, che guida l'utente a cui è stata affidata la guida. Egli gli insegna ad utilizzare gli strumenti messi a disposizione dallo staff e rimane a disposizione per qualsiasi cosa. Di slito queste figure vengno pagate dall'azienda.

Ad esempio: per le "Guide SuperEva" (www.supereva.com/) è illimitato con 5MB di spazio mail a disposizione. Guardate l'esempio della guida che gestisco personalmente.

http://guide.dada.net/creare_eventi/

Esempio di Guide Online 1

La nuova era dei siti: il blog

I Blog online, l'ultima vera rivoluzione della rete. Sono mlto facili da creare, semplici da usare e adatti a molteplici attività., c'è chi li usa come portali di informazioni, archivi delle attività didattiche, spazi di scrittura collaborativa o *portfolio* dei lavori effettati. Gli usi sono molto vari.

I weblog, o blog, hanno fatto il loro ingresso nel mondo del web riscuotendo un successo senza precedenti. Un weblog è come un sito personale in uno spazio gratuito, un diario, un articolo di commento e una rassegna stampa, aggiornato quotidianamente o quasi.

L'autore del weblog è l'utente del web. Curioso di partecipare anch'egli alla comunità ondine, è allo stesso tempo lettore ed editore. In quanto legge le notizie che sono pubblicate in rete, che poi seleziona, raccoglie e commenta come editore del suo weblog.

Il blog è il nuovo modo di dire Sito. Oggi tutti o quasi hanno un blog. Grazie ai Blog, oggi non c'è più bisogno di dover imparare a usare i programmi grafici per creare un proprio sito personale, perché tutti sono messi sullo stesso livello. Tutti possono creare la propria pagina personale e realizzare una parte del loro sogno, tutti possono contribuire alla rete con il proprio pensiero e le proprie idee.

L' un'utenza diversificata del blog è molto diversificata sia per caratteristiche demografiche che culturali e psicologiche. Musica, arte, cultura, cinema, hobby, tecnologia, ecc. ogni tema può essere toccato, ogni utente anche inesperto può liberamente lasciare un segno nel grande Web, può scambiare dati, ricevere quel poco di notorietà che magari per vari motivi nella vita reale non è riuscito a raggiungere.

L'utente si è appropriato del web, e si svela come non ha mai fatto prima e come probabilmente non farà mai nella vita reale. Il blog è esaltazione, divertimento, amicizia, tabù, lavoro, gioco, furbizia e tanta voglia di partecipare e mettersi in gioco. Il nostro futuro non po' non passare attraverso un blog.

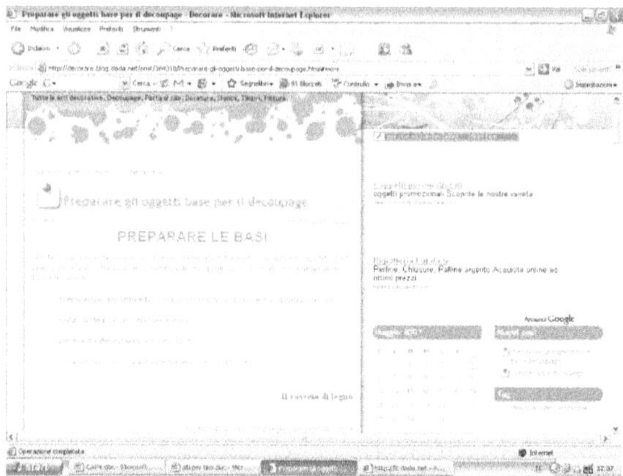

Esempi di Blog 1

Segreto n. 3: Ecco dove puntare nella nuova era del Web. Il Blog rappresenta il futuro della comunicazione. Tutti possono creare il loro ambiente sfruttando lo spazio del web. Usate i BLOG per creare, informare, stabilire contatti e pubblicizzare ogni vostro evento. Aggiornatelo e condividete le vostre abitudini con gli altri, vedrete com'è facile diventare un punto di riferimento per i vostri amici e clienti nella nuova era di Internet.

Alcuni siti web realizzati da web designer professionisti

Concludiamo la nostra analisi riportando alcuni capolavori del web realizzati da Web Designer professionisti.

Gunter Beer 2001, "Web Design Index 2", The Pepin Press/Agile Rabbit Editions.

Di seguito:

www.superlooper.de di Sven Stuber

www.xperimentz.com di Hye Jin, Yang

www.renascent.nl di Joost Korngold

www.natureemeetings.com di Marta Andrez

www.jenett.com/born/htm/frame.htm

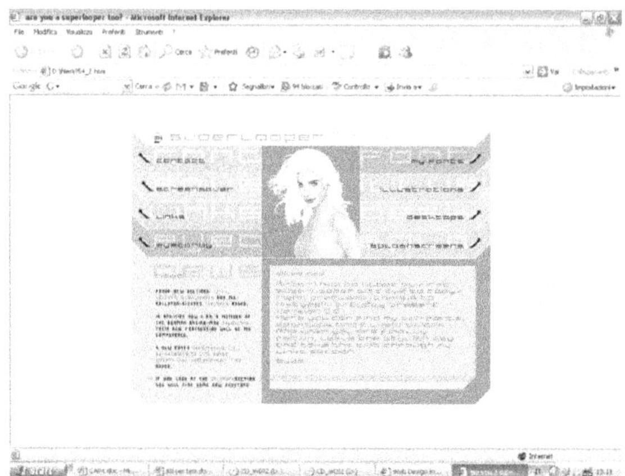

Esempi di Siti Web 3

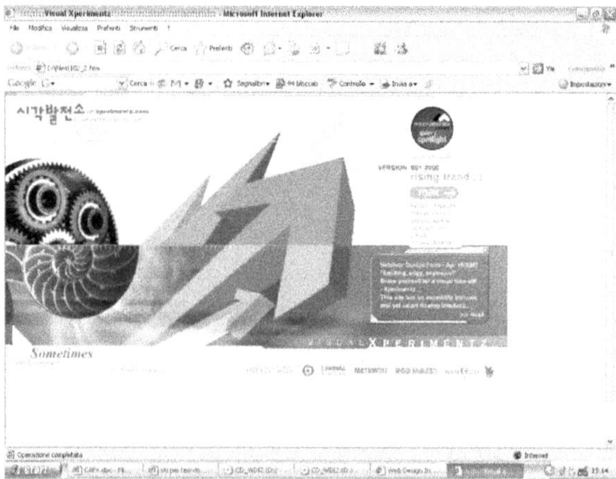

Esempi di Siti Web 4

RIEPILOGO STAGE

Avete completato il vostro percorso. Prima di immergervi nel mondo del lavoro ricordate:

- **SEGRETO n. 1:** Cercate sempre di capire bene di cosa ha bisogno il vostro cliente. La maggior parte dei siti oggi sono dinamici, ma non fate confusione con quelli animati che sono molto differenti. L'animazione è piacevole ma ricordate che può distrarre e fuorviare l'utente dall'obiettivo preposto.
- **SEGRETO n. 2:** Non cercate a tutti i costi di creare un portale se non avete intenzione di aggiornarlo. Esso non è come un sito normale che si aggiorna ogni mese, ma ha bisogno di una cura e un'attenzione continua. Se manca questo il vostro progetto è fallito.
- **SEGRETO n. 3:** Ecco dove puntare nella nuova era del Web. Il Blog rappresenta il futuro della comunicazione. Tutti possono creare il loro ambiente sfruttando lo spazio del web. Usate i BLOG per creare, informare, stabilire contatti e pubblicizzare ogni vostro evento. Aggiornatelo e condividete le vostre abitudini con gli altri, vedrete com'è facile diventare un punto di riferimento per i vostri amici e clienti nella nuova era di Internet.

CONCLUSIONI

Il percorso che questo libro ha seguito prende l'avvio da un interesse del tutto personale, scaturito dalla passione per il mondo della grafica e del web, che mi ha spinto a lavorare in prima persona nel comparto.

Ciò, ovviamente, mi ha permesso in questi anni, di entrare in contatto diretto con operatori del settore, di confrontarmi con loro, apprendendo nuove tecniche e metodologie. Addentrandomi in un percorso tortuoso, il risultato è che, non solo ho raggiunto un livello di competenza elevato, ma, soprattutto, cosa non meno importante, ho acquisito professionalità e ho preso coscienza delle problematiche e delle difficoltà di un contesto lavorativo complesso.

Le maggiori difficoltà derivano dalla mancata ricerca di professionalità da parte delle imprese, soprattutto medio/piccole, che spesso, per scarsa conoscenza e consapevolezza dei servizi offerti e delle opportunità derivanti da un'efficace comunicazione, e/o per budget limitatissimi finalizzati allo scopo comunicativo, si accontentano di scarsi servizi, offerti a basso costo, con livelli qualitativi, ovviamente minimi.

È anche vero che l'accresciuta competizione, in un mercato difficile, ha indotto gli operatori a ridurre i prezzi e a svendere se stessi, il proprio lavoro, e , quel che è peggio il lavoro di tutti i professionisti del settore, fino a determinare un tracollo del saggio medio di profitto, col risultato che tutti quanti offrono molto di più allo stesso prezzo.

Infatti, analizzando gli ultimi dati relativi al fatturato delle aziende pubblicitarie, la sensazione è quella di un settore in crisi, che non può più fare affidamento su una redditività accettabile.

Insomma, si pone un problema di immagine e di soldi, di adeguata remunerazione delle competenze, esperienze e fatiche. Ecco perché la tendenza va invertita e in fretta il che non può che avvenire sulla scorta di una vera e propria alleanza tra professionisti, basata sulla cooperazione in un settore così ampiamente frammentato.

Dopo il boom degli anni ’80, il valore riconosciuto ai professionisti del settore è assai calato. Il mestiere di comunicatore è troppo spesso erroneamente identificato con i suoi singoli segmenti (la grafica, la tipografia, la serigrafia ecc.).

Sono soprattutto le piccole imprese che, tendono in qualche modo a oltrepassare la mediazione dell’agenzia, senza ricorrere alla professionalità del pubblicitario, si rivolgono direttamente ad aziende tipolitografiche.

Al contrario, sempre più, le grandi aziende affidano la propria comunicazione ad agenzie specializzate e/o si dotano al proprio interno di funzioni “marketing e comunicazione”, che gestiscono tutte le fasi del processo pubblicitario.

Altra, e non meno importante, problematica da affrontare nell’analisi del settore pubblicitario e della comunicazione è sicuramente riconducibile allo storicamente difficile rapporto che lega operatori tecnici e comunicatori, fin troppo spesso impegnati a invadere i reciproci campi di attività.

Certamente, rispetto al passato ci sono un miglior riconoscimento e un maggiore rispetto dei differenti ruoli e compiti, ma è ancora poco rispetto a quella che potrebbe essere una relazione ideale.

Non dimentichiamoci che comunicare significa "mettere in comune" e questo avviene attraverso un'attenta opera di mediazione tra gli interessi di tutti gli operatori.

Una mediazione che deve basarsi su correttezza, serietà professionale, comprensione e rispetto per i reciproci obiettivi che, ovviamente saranno diversi.

In conclusione, viene da chiedersi: ma stiamo utilizzando con consapevolezza e correttezza, i nuovi strumenti e le nuove figure professionali che abbiamo a disposizione?

Da quanto evidenziato, la risposta sembrerebbe negativa. C'è solo da augurarsi che si prenda tutti coscienza di quelli che sono i nuovi scenari competitivi con i quali piccole, medie e grandi aziende dovranno necessariamente confrontarsi, avendo la possibilità di scegliere di affidarsi o meno a chi per professione studia e affronta con serietà e competenza le sempre maggiori richieste di innovazione e flessibilità.

Buon Lavoro!

Carmela Bifolco

www.ingramcontent.com/pod-product-compliance
Ingram Content Group UK Ltd.
Pitfield, Milton Keynes, MK11 3LW, UK
UKHW021934200726
13853UKWH00011B/2108